CONFIRMADOS NA FÉ

Coleção **Iniciação Cristã Catecumenal**

Autoria: Diocese de Joinville

- *Nossa vida com Jesus – Iniciação cristã de inspiração catecumenal – Eucaristia – Catequizando – Volume 1*
- *Nossa vida com Jesus – Iniciação cristã de inspiração catecumenal – Eucaristia – Catequizando – Volume 2*
- *Nossa vida com Jesus – Iniciação cristã de inspiração catecumenal – Eucaristia – Catequista*
- *Confirmados na fé – Iniciação cristã de inspiração catecumenal – Crisma – Catequista*
- *Confirmados na fé – Iniciação cristã de inspiração catecumenal – Crisma – Catequizando*
- *Nova vida que nasce da vida*
- *Caminhar para o sacramento do batismo*
- *A alegria de ver você crescer*
- *A vida que inicia*
- *Quaresma: convite à conversão*
- *Nos passos de Jesus: manual de iniciação cristã com adultos*
- *Dízimo mirim: como viver a experiência da partilha na catequese eucarística?*
- *Dízimo mirim: vamos conhecer a missão da Igreja! Como viver a dimensão missionária na Catequese Eucarística.*

Diocese de Joinville – SC

CONFIRMADOS NA FÉ

Iniciação cristã de inspiração catecumenal – Crisma

CATEQUIZANDO

Diocese de Joinville
Bispo Diocesano: Dom Irineu Roque Scherer
Texto: Equipe Diocesana de Coordenação da Diocese de Joinville
Coordenação: Ir. Teresinha Maria Mocellin e Ir. Celestina Zardo

Direção editorial: Pe. Claudiano Avelino dos Santos
Coordenação editorial: Pe. Jakson Ferreira de Alencar
Colaboração: Pe. Luiz Eduardo Baronto
Revisão: Cícera Gabriela Sousa Martins
Ilustrações: Pe. Otávio Ferreira Antunes
Diagramação: Fernando Tangi
Impressão e acabamento: Paulus

Dados Internacionais de Catalogação na Publicação (CIP)
(Câmara Brasileira do Livro, SP, Brasil)

Confirmados na Fé: iniciação cristã de inspiração catecumenal: crisma: catequizando / Diocese de Joinville – São Paulo: Paulus, 2013. – Coleção Iniciação cristã catecumenal.

    Bibliografia.
    ISBN 978-85-349-3642-2

    1. Catequese – Igreja Católica 2. Catequistas 3. Crisma – Estudo e ensino
    I. Diocese de Joinville.

13-04602   CDD-234.162

Índice para catálogo sistemático:
1. Catequese crismal: Teologia dogmática cristã 234.162

Seja um leitor preferencial **PAULUS**.
Cadastre-se e receba informações sobre nossos lançamentos e nossas promoções: **paulus.com.br/cadastro**
Televendas: **(11) 3789-4000 / 0800 016 40 11**

1ª edição, 2013
14ª reimpressão, 2024

© PAULUS – 2013
Rua Francisco Cruz, 229 • 04117-091 – São Paulo (Brasil)
Tel.: (11) 5087-3700
paulus.com.br • editorial@paulus.com.br
ISBN 978-85-349-3642-2

SUMÁRIO

PRÉ-CATECUMENATO 13

1º Encontro – Deus confia em nosso grupo 15

2º Encontro – A aventura de crescer 18

3º Encontro – Jesus crescia em idade e sabedoria 20

4º Encontro – Deus sabe cuidar de nós.. 23

5° Encontro – Deus: companheiro fiel de todas as horas 26

CATECUMENATO 29

6º Encontro – De mãos dadas para construir a vida 30

7º Encontro – A revelação da ternura de Deus na criação 33

8° Encontro – O amor de Deus em nós: uma aliança eterna 36

9º Encontro – Por amor, o Pai envia seu Filho Jesus 39

10º Encontro – Jesus diz: "Eu sou o Bom Pastor"... 41

11° Encontro – Jesus é o Caminho, a Verdade e a Vida 44

12º Encontro – Chamados, como Maria, a seguir Jesus 47

13º Encontro – O projeto de Jesus: o Reino de Deus 50

14º Encontro – Jesus: a revelação do rosto de Deus Pai para nós 52

15º Encontro – Jesus mostra o Reino de Deus por meio de parábolas 54

16º Encontro – Jesus, fundamento da vida cristã 56

17º Encontro – Os mandamentos: caminho para seguir Jesus 59

18.º Encontro – As bem-aventuranças 62

19º Encontro – Jesus chama colaboradores 65

20º Encontro – Jesus promete o Espírito Santo 68

21º Encontro – Jesus amou até o fim 70

22º Encontro – Jesus me convida a ressuscitar com ele 72

23º Encontro – A presença do Espírito Santo na vida da Igreja 75

24º Encontro – O Espírito Santo nos ensina a fazer da nossa vida um dom 78

25º Encontro – Credo: Profissão de fé 81

26º Encontro – Os sacramentos: sinais do amor de Deus 85

27º Encontro – O batismo, fonte de vida e missão 87

28° Encontro – Domingo: dia do Senhor.. 90

29º Encontro – Eucaristia, memória e ação de graças 93

PURIFICAÇÃO E ILUMINAÇÃO 97

30º Encontro – Comunidade de fé: lugar de vida e de perdão 98
31º Encontro – Jesus veio para perdoar e salvar 100
32º Encontro – O perdão nos dá vida nova 103
33º Encontro – Crisma, sacramento da maturidade cristã 106
34º Encontro – Descerá sobre vós o Espírito Santo e sereis minhas testemunhas 109
35º Encontro – O Espírito de Deus nos unge e nos envia 112

MISTAGOGIA 115

36º Encontro – O "Selo do Espírito": somos consagrados 116
37º Encontro – Autenticidade cristã na era da tecnologia 119
38º Encontro – Identidade, vocação e projeto de vida 122
39º Encontro – Etapas no desenvolvimento humano 126
40º Encontro – Família: fundamento da vida e vocação 129
41º Encontro – Sexualidade e responsabilidade 133
42º Encontro – Ser Santo 136

ORAÇÕES 139

PREFÁCIO

A Diocese de Joinville, impulsionada pela ação do Espírito Santo e pelo Ano da Fé e animada pelas constantes solicitações da Igreja em reavaliar a prática evangelizadora, sentiu-se desafiada e assumiu, com decisão, coragem, criatividade e alegria, a catequese de Iniciação à Vida Cristã.

Este livro, intitulado *Confirmados na fé*, tem a preocupação e o cuidado com a "linguagem" para a cultura atual, especialmente para os adolescentes e jovens em preparação ao sacramento da crisma ou confirmação (DA 100d), para que absorvam e vivenciem uma verdadeira experiência de encontro com Cristo e com os ensinamentos da Igreja, realizem bem as celebrações dos sacramentos, capacitando-se a ajudar na transformação do mundo. Essa catequese é chamada de "mistagógica" (DA 290). Além da formação doutrinal, a catequese deve ser uma escola de formação integral, educando as pessoas por inteiro, cultivando o relacionamento com Jesus na oração, na celebração litúrgica, na vivência comunitária e no serviço aos irmãos. Além disso, a catequese não pode se restringir somente à preparação dos sacramentos, mas constituir-se num processo permanente, orgânico e progressivo que se estenda por toda a vida (DA 299).

Nesse processo, a catequese não realiza apenas mudanças metodológicas, mas reveste-se de um verdadeiro "novo paradigma", um novo jeito de fazer catequese.

Os resultados da evangelização realizada até aqui se confrontam com realidades que impressionam e nos impulsionam a um novo agir: maneira de apresentar o conteúdo, mudança de método marcado por etapas e celebrações, caminho que conduz o catequizando e a comunidade ao núcleo da fé.

Para buscar esse "novo paradigma", este manual de catequese visa formar verdadeiros discípulos missionários capazes de celebrar e vivenciar a sua fé. A participação na vida da comunidade cristã é imprescindível, pois esta é o lugar da convivência e da educação na fé, onde se formam os vocacionados à vida familiar, à vida de consagração a Deus, tanto leigos, diáconos, sacerdotes, quanto religiosos ou religiosas.

O caminho à vida cristã aqui proposto inspira-se na sabedoria da Igreja, acumulada ao longo dos séculos. Foi elaborado seguindo as etapas do catecumenato. Contém o roteiro para os encontros adaptados e elencados segundo as necessidades e condições da faixa etária dos catequizandos. Os encontros seguem o método da Leitura Orante da Palavra de Deus, dentro de um caráter processual, dinâmico e progressivo, com ligação entre as etapas da iniciação, do conhecimento doutrinal, da experiência da fé, para conhecer e saborear o caminho de Jesus Cristo e do seu Evangelho. Cada encontro é realizado em clima de oração.

É uma alegria poder apresentar este manual de catequese da crisma ou confirmação, elaborado com a partilha de saberes de catequistas com formação em Teologia Catequética, Liturgia, Ciências da Religião, Pedagogia, Bíblia, Psicologia, História, Belas Artes e Língua Portuguesa. Agradeço a Deus, que nos tem impulsionado e inspirado ao longo da elaboração deste manual catequético, e rogo ao Senhor para que continue impulsionando e inspirando todos os seus colaboradores, todos os catequistas e catequizandos, e para que envie o maior número de operários para a sua messe.

Dom Irineu Roque Scherer,
bispo diocesano de Joinville/SC.
Joinville, 15 de fevereiro de 2013.

APRESENTAÇÃO

Com especial carinho e dedicação, preparamos este manual de catequese. Você foi o motivo do nosso intenso, profundo e dedicado trabalho de estudo, pesquisa, elaboração, revisão, para que pudesse ter em mãos um subsídio que o ajude na importante caminhada rumo a um encontro pessoal e profundo com Jesus, o maior e melhor amigo de sua vida.

Procuramos ter bem presente seus sonhos, suas buscas, desafios, seu grande desejo de ser uma pessoa realizada e feliz, capaz de vibrar pela fé e pelo compromisso de contribuir para um mundo melhor.

Construímos um itinerário de encontros com temas catequéticos, para ajudá-lo a crescer na fé cristã, no método da Leitura Orante da Palavra de Deus, o melhor caminho para encontrar Jesus.

Em continuidade ao seu crescimento na fé, você vai agora viver um tempo intenso de catequese, para receber o sacramento da crisma, ou confirmação, sacramento da maturidade cristã. A comunidade e, em especial, os catequistas estão dispostos a colaborar para o crescimento de sua fé no conhecimento e seguimento de Jesus Cristo.

Sinta-se feliz por esta oportunidade! Parabéns pela firme e ousada decisão de participar da catequese crismal, o sacramento que faz do cristão um comprometido: com Jesus Cristo, com o ser humano, com a Igreja.

A comunidade acredita em você para criar um mundo novo e melhor. Nosso desejo é que você possa contagiar a Igreja e a sociedade com sua fé, alegria, dinamismo, criatividade e jovialidade.

Com o coração alegre por perceber em você uma esperança para a Igreja e para a sociedade, queremos abraçá-lo e desejar-lhe "boas-vindas".

Irmãs Teresinha Maria Mocellin e Celestina Zardo (CF),
Coordenadoras da Catequese da Diocese de Joinville.

Identificação do catequizando

Nome: ....

Telefone: ....-................ Celular: ....-...................

Local de nascimento: .... Estado: ....

Data de nascimento: ..../......./..............

Endereço

Rua: .... Nº: .... Complemento: ....

Bairro: .... Cidade: .... Estado:..........

CEP: ....-............

Mãe: .... Telefone: ....-.......... Celular: ....-................

Pai: .... Telefone: ....-.......... Celular: ....-................

Responsável: .... Telefone: ....-.......... Celular: ....-................

Irmão/irmã: .... Idade: ....

Irmão/irmã: .... Idade: ....

Data do batismo: ..../......./..............

Paróquia: .... Comunidade: ....

Padrinhos de batismo: .... e ....

Data da primeira confissão: ..../......./................

Data da primeira comunhão: ..../......./..............

Catequista

Nome: ....Telefone: ....Celular:................

Rua: .... Nº: .... Complemento:...............

Bairro: .... Cidade: .... Estado:......

CEP: ....-............

....
Assinatura do Catequizando

PRÉ-CATECUMENATO

1º Encontro

Deus confia em nosso grupo
"Jesus constituiu o grupo para que seus membros ficassem com ele para enviá-los a pregar" (Mc 3,14)

Jesus nos fala: Mc 3,13-19

A Palavra de Deus em nossa vida – lembra que cada um de nós tem seus pensamentos, sonhos, qualidades, esperanças. Nossa vida de grupo nos anima a descobrir que somos pessoas capazes de crescer na dimensão espiritual, intelectual e física. Não estamos sozinhos, fazemos parte de um grupo no qual cada um tem sua maneira própria de andar, sorrir, falar. Somos um grupo muito especial de amigos que se preparam para ser ungidos. Esse grupo, com a colaboração e presença de cada um, vai ser fermento, capaz de despertar em outras pessoas a vontade de fazer o bem. Podemos inspirar-nos no grupo dos Apóstolos, que foram sensíveis ao chamado de Jesus e dele aprenderam seu modo de viver e agir. Hoje nós também somos chamados e convidados a formar um grupo de pessoas que se querem bem, a construir amizade, bem-querer e ajuda mútua para conhecer e seguir Jesus. É importante manter em mente algumas questões:

- Qual a importância de um grupo?
- Como a Palavra de Deus pode ajudar-me a sentir-me parte de um grupo de modo mais efetivo?
- O que podemos fazer para formar um grupo que nutre coragem, esperança e para que nele aprendamos a amar?

Recordar – O que nossa vida está dizendo?
- Por que as pessoas gostam de associar-se em grupos?
- O que faz um grupo ter sucesso?

Escutar – O que o texto está dizendo?
Canto para aclamar o Evangelho
Ler Mc 3,13-19
- Para onde foi Jesus e o que fez?
- Quem Jesus chamou?
- Para que os chamou?
- Você diria que aquele grupo deu certo? Por quê?

Meditar – O que o texto diz para mim?
- Qual a mensagem fundamental do texto para mim?
- O que facilitaria para que eu me colocasse nas mãos de Deus e percebesse que eu também sou uma pessoa convidada a segui-lo, a exemplo dos apóstolos?

Rezar – O que o texto me faz dizer a Deus?

Oração: Obrigado, Senhor! Eu sou a soma infinita de dons, de sonhos, de muitas pessoas que fizeram parte da minha vida. Obrigado por me chamar a fazer parte desse grupo e iniciar a catequese de preparação à crisma. Obrigado por me fazer à tua imagem e semelhança e chamar-me para te conhecer e seguir. Obrigado por todos aqueles que, de algum modo, permitem que eu seja quem sou: meus pais, avós, irmãos, parentes, colegas, professores, catequista e a comunidade cristã a que pertenço. Ajuda-me, Deus, para que eu vá crescendo na fé e persevere como os teus apóstolos.

Contemplar – Olhar a vida como Deus olha
- Colocar uma música suave, enquanto uma imagem de Jesus, com a lista dos nomes do grupo, circula de mão em mão. O catequista diz: "Esperemos que o nosso grupo se espelhe na pessoa de Jesus... Jesus, vem fazer parte do nosso grupo!"

> **Perceba!**
> Os doze apóstolos não eram os mais preparados, os mais inteligentes, os mais ricos. Eles eram os mais disponíveis. Eram pessoas em cujo coração Jesus podia semear a semente do Reino de Deus. Aos poucos, Jesus foi preparando essas pessoas para que pudessem servir a Deus plenamente.

Compromisso – O que a Palavra de Deus me leva a fazer?
Nesta semana, poderia rezar pelo colega com o qual estive partilhando a simbologia da Palavra e poderia rezar pelo sucesso do grupo.

> **O que eu penso agora?**
> Depois de todas as considerações construídas neste encontro, o que penso?
> • Como responder à confiança que Deus deposita em mim?
> • Posso permitir-me fazer parte de um grupo inspirado por Deus?
> • O que posso, pessoalmente, fazer para este grupo ter a bênção de Deus?

Bênção:
Deus nos abençoe e nos guarde! **Amém**.
Deus nos mostre seu rosto brilhante e tenha piedade de nós! **Amém**.
Deus nos mostre seu rosto e nos conceda a paz! **Amém**.
Abençoe-nos Deus misericordioso, Pai e Filho e Espírito Santo. **Amém** (cf. Nm 6,22-27).

Sugestão: Vamos fazer um blogue?
Talvez seja possível, na sua comunidade, organizar um blogue. Um blogue pode ser definido como um diário digital eletrônico publicado na *internet*, normalmente informal, atualizado frequentemente e direcionado a determinado público. Os textos são curtos, normalmente relatos. Na maioria dos blogues podem-se inserir imagens, fotografias e sons.

Criar um blog é muito simples. Alguns sites dedicados a isso são listados a seguir:

• www.blogger.com • www.wordpress.com • blog.uol.com.br • blog.terra.com.br • blog.com.br

Blogues como o *facebook* e o *twitter* tornaram-se muito populares nos últimos tempos e é também muito fácil abrir uma página neles: • www.facebook.com • www.twitter.com

Um blogue, particularmente no seu início, deve ser moderado, ou seja, deve haver uma pessoa responsável que leia antes e aprove o que será postado no espaço. Na maioria dos casos, essa opção aparece durante o processo de realização do blogue. No caso do grupo de catequese dispor de um blogue para si, é importante que não haja censura desnecessária; tampouco deve haver algo que vá contra a boa imagem que o grupo deseja construir para si mesmo.

Procure navegar em blogues partilhados por católicos praticantes.
Veja alguns blogues constituídos por grupos de jovens católicos e que eram facilmente encontrados na *internet* em 2012:
• http://grupodejovensanjos.wordpress.com.br • http://jovemcatolico.emdeus.com.br/
• http://pagelas.blogspot.com

2º Encontro

A aventura de crescer
"Vivendo o amor autêntico, cresceremos em todos os aspectos em direção a Cristo" (Ef 4,15)

Fique ligado! Toda pessoa é um conjunto de sonhos e realizações, de alegrias e tristezas, de buscas, conquistas, vitórias e decepções. O importante é saber que tudo isso faz parte de nossa vida e que é preciso crescer alegre, saudável; aprender a tirar boas lições de tudo o que nos acontece; conhecer e desenvolver as qualidades; administrar as situações boas e ruins e sempre buscar dar sentido à vida – ser feliz e fazer os outros felizes. Precisamos descobrir que somos filhos(as) amados(as) por Deus, chamados(as) a crescer em todos os aspectos em direção a Jesus Cristo, numa vida nova que procede de Deus; que a vida é graça, dom de Deus.

Uma pessoa nunca está pronta, porque dentro dela tem algo de divino, que a chama a crescer sempre mais. Embora sejamos pessoas amadas e queridas por Deus, desde a nossa concepção, carregamos em nós não só qualidades e dons, mas também limites. Porém, há dentro de nós um dinamismo que nos conduz a uma constante transformação. No decorrer da vida, podemos crescer no amor, na amizade, na gratuidade, na solidariedade, na identidade como pessoa, na capacidade de construir, recriar, servir... Para crescer, a pessoa precisa tomar a decisão de forma livre, consciente, aceitar-se como é, com suas qualidades, e melhorar o que precisa ser melhorado. São necessárias algumas atitudes, como: conhecer-se, assumir-se, amar-se, ter consciência do que se é e planejar-se.

Recordar – o que nossa vida está dizendo?
- Você conhece alguém na comunidade que ajuda as pessoas a cuidar da saúde para crescer bem no aspecto físico?

Escutar – O que o texto está dizendo?
Canto para acolher a Palavra
Ler Ef 4,13-15
- Do que está falando o texto?
- A que "meta" ou "objetivo" nos encaminha o texto?
- Quais as consequências para os que assumem a unidade da fé e o conhecimento de Jesus Cristo?

Meditar – O que o texto diz para mim?
- O que o Senhor me revela e o que me solicita fazer?
- Converse tranquilamente com Deus sobre suas preocupações com seu desenvolvimento físico e peça-lhe inspiração e amparo também para o seu indispensável crescimento espiritual.

Rezar – O que o texto me faz dizer a Deus?
- Em silêncio, vou observar o coração no qual escrevi algo da minha vida.

Oração: Com os santos e anjos, rezemos: Senhor, Deus Trindade, queremos crescer em teu amor. Ajuda-nos a ser pessoas em construção, a serviço do teu Reino. Concede-nos a força do teu Espírito, para sermos pessoas de bem-querer, de união e de alegria. Confiamos em ti, Deus da vida. Amém!

Contemplar – Olhar a vida como Deus olha
- Em atitude de silêncio vou perceber que Jesus é o melhor amigo; ele caminha comigo no dia a dia.

> **Perceba!**
> A Igreja é também chamada de "Corpo Místico de Cristo", corpo que tem em Jesus sua cabeça invisível. Na terra, somos chamados a agir como parte desse corpo, unidos entre nós mesmos e com Deus. Se um dente dói, todo o corpo sofre. Do mesmo modo, com o Corpo de Cristo, a harmonia entre os diferentes membros possibilita a felicidade plena (cf. 1Cr 12,12).

Compromisso – O que a Palavra de Deus me leva a fazer?
- Mediante o que ouvi e refleti, trazer por escrito, para o próximo encontro, uma lista das qualidades que revelam meu crescimento na fé.

> **O que eu penso agora?**
> - Como utilizar-me das ideias deste encontro para continuar crescendo como jovem responsável e caminhar seguro para a maturidade?
> - Vou confiar a Deus o dinamismo que está dentro de mim e progredir na busca do seu conhecimento e seguimento.

Lembrete: Trazer para o próximo encontro figuras de pessoas de várias idades.

3º Encontro

Jesus crescia em idade e sabedoria
"Jesus crescia em sabedoria, estatura e graça" (Lc 2,52)

Vamos pensar:
- O que significa crescer?
- Como é possível crescer em idade, sabedoria e graça?

Fique ligado: O Ser humano cresce em várias dimensões. À semelhança de Jesus, que crescia em sabedoria, estatura e graça, também contamos com a presença de Deus em nosso crescimento sadio e harmonioso, em todas as dimensões do desenvolvimento humano e da fé.

Dimensão física: Para o nosso corpo crescer saudavelmente, é necessário alimentar-se bem, fazer exercícios regulares, evitar substâncias que atrapalhem o crescimento sadio e harmonioso.

Dimensão afetiva: Desde toda a eternidade, Deus nos ama com amor infinito e quer que nos amemos e nos respeitemos mutuamente. Isso significa respeitar e devotar afeto à natureza, a nós mesmos, aos nossos familiares, amigos e às pessoas com as quais nos deparamos no dia a dia.

Dimensão mental: A exemplo de Jesus, precisamos alimentar nossa mente, ampliar o nosso saber com estudo sério e responsável, recorrendo aos recursos a que temos acesso e, desse modo, desenvolver os dons que Deus nos dá.

Dimensão espiritual: Durante sua vida, Jesus sempre recorria a Deus Pai, que o sustentava em todos os momentos de sofrimento, angústia, dor e alegria. Jesus cresceu na fé e no amor e deu a própria vida por amor a todos nós. Morreu, mas ressuscitou para estar sempre conosco.

Recordar – O que nossa vida está dizendo?

- Você conhece pessoas que se preocupam com seu próprio crescimento físico, afetivo, mental e espiritual, à procura do amadurecimento? Explique os motivos de sua escolha.

Canto: Eu era pequeno

Eu era pequeno, nem me lembro. Só lembro que à noite, ao pé da cama,
Juntava as mãozinhas e rezava apressado, mas rezava como alguém que ama.
Nas Ave-Marias que eu rezava, eu sempre engolia umas palavras,
E muito cansado acabava dormindo, mas dormia como quem amava.

**Ave-Maria, Mãe de Jesus, o tempo passa, não volta mais.
Tenho saudade daquele tempo, que eu te chamava de minha mãe.
Ave-Maria, Mãe de Jesus, Ave-Maria, Mãe de Jesus.**

Depois fui crescendo, eu me lembro, e fui esquecendo nossa amizade.
Chegava lá em casa chateado e cansado. De rezar não tinha nem vontade.
Andei duvidando, eu me lembro, das coisas mais puras que me ensinaram.
Perdi o costume da criança inocente. Minhas mãos quase não se ajuntavam.

O teu amor cresce com a gente. A mãe nunca esquece o filho ausente.
Eu chego lá em casa chateado e cansado, mas eu rezo como antigamente.
Nas Ave-Marias que hoje eu rezo, esqueço as palavras e adormeço.
E embora cansado, sem rezar como eu devo, eu de ti, Maria, não me esqueço.

- Que mensagens o canto revela?
- Até que ponto as palavras família, criança, inocência, amor maternal, oração e devoção a Nossa Senhora, presentes no canto, contribuem para que cresçamos na fé?
- Que sofrimentos os jovens enfrentam que prejudicam seu crescimento?

Canto de aclamação ao Evangelho
Ler Lc 2,41-52

Escutar – O que o texto está dizendo?

- De que trata o texto que ouvimos?
- Qual é a meta que o texto propõe?
- O que o texto apresenta para um autêntico crescimento em todos os aspectos?

> **Perceba!**
> O convite ao crescimento rumo à maturidade nos aproxima de Jesus, que, como pessoa, passou pelas fases do crescimento físico, intelectual, afetivo e espiritual. Quando nos propomos a crescer rumo à maturidade, identificamo-nos com Jesus. Para essa aventura de crescer, contamos com a presença constante de Deus, que está sempre conosco.

Meditar – O que o texto diz para mim?
- Jesus desceu com seus pais para Nazaré e crescia em sabedoria, estatura e graça. Quero perguntar e responder a mim mesmo: o que pode ajudar o meu crescimento espiritual, mental, afetivo e físico?
- Vou deixar ressoar em meu coração o convite para crescer numa profunda fé em Deus e, à semelhança de Nossa Senhora, guardar a Palavra de Deus no coração.

Rezar – O que o texto me faz dizer a Deus?
- Com os olhos fechados, vou agradecer e louvar a Deus, porque ele está comigo e me acompanha no crescimento físico, afetivo, mental e espiritual.

Oração: Eu te louvo e te agradeço Deus, porque posso crescer em todas as dimensões da vida. Posso aprender a te amar e a amar os meus semelhantes, respeitar todas as criaturas que criaste. É maravilhoso poder amar, viver, sorrir, sonhar e confiar em Deus. Obrigado, Senhor! Amém!

Contemplar – Olhar a vida como Deus olha
- Consigo colocar-me nas mãos de Deus e perceber qual é a meta que ele tem para mim?
  Vou contemplar Jesus entre os doutores e, em oração, com a graça dele, procurar superar qualquer obstáculo para o meu crescimento na fé.

Compromisso – O que a Palavra de Deus me leva a fazer?
- Durante a semana, posso partilhar minha vivência, meus dons com meus pais e amigos.
- Posso alimentar o blogue e o *facebook* com alguma experiência animadora de partilha de minhas experiências de fé.
- Ler com os meus familiares o texto bíblico Lc 2,41-52 e aprofundá-lo com a leitura de 1Ts 3,12-13.

> **O que eu penso agora?**
> Jesus crescia e, em seu desenvolvimento, amadurecia a sua relação com Deus Pai. Sua mãe guardava em seu coração todas as coisas. No coração, guardamos os ensinamentos que contribuem para o nosso crescimento espiritual. Nossa Senhora também crescia em sabedoria e graça. O que eu posso fazer para crescer em sabedoria e graça?

4º Encontro

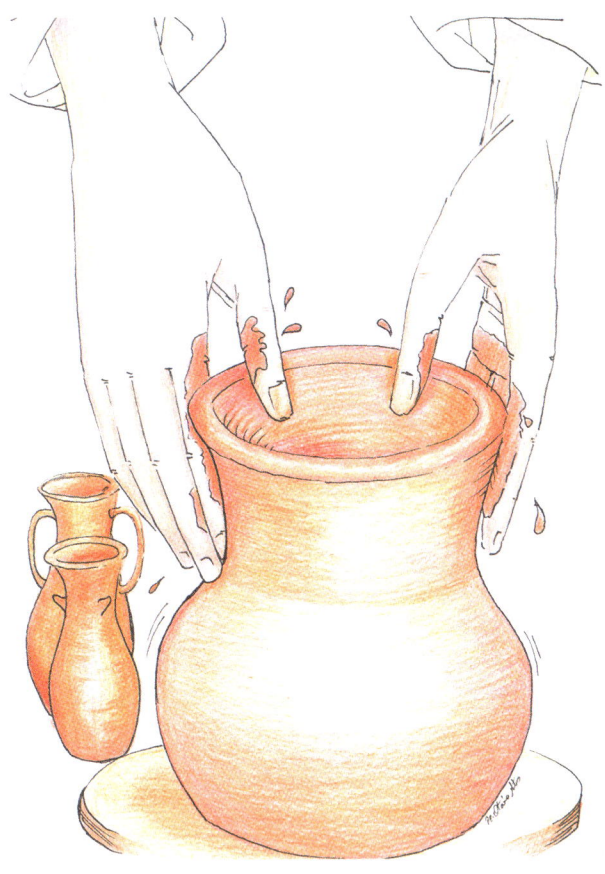

Deus sabe cuidar de nós
"Eu estou nas mãos de Deus, como o barro nas mãos do oleiro" (cf. Jr18,6b)

Fique ligado! Nossa existência é a revelação do amor criativo de Deus, somos o resultado desse amor. Deus pode ser comparado a um artista. O barro é a matéria-prima nas mãos do artista e nós podemos ser comparados ao barro. É o artista que transforma o barro em obra de arte, a qual, porém, permanece frágil e quebradiça. Sua fragilidade requer atenção, cuidado, delicadeza, flexibilidade no manejo; enfim um carinho próprio do artista. Deus é o artista por excelência. Ele nos marca com sua imagem e bondade. Ele dedica a cada um de nós toda sua afeição. O profeta Jeremias narra essa experiência, contemplando um oleiro remodelando, refazendo, reconstruindo vasos. Deus serve-se dos fatos e das realidades do cotidiano, das coisas simples para explicar e tornar compreensíveis as verdades. Deus quer modelar-nos continuamente para uma constante conversão da vida, para configurá-la com Jesus. O barro nas mãos do oleiro lembra que o divino Oleiro quer fazer de nós um vaso novo, uma criatura nova (cf. 2Cor 5,17). Deus nos quer transformar em "vasos de bênção", apesar de nossa fragilidade e de toda nossa realidade humana. Ele é o nosso porto seguro. Nós somos ancorados nele. Enraizados no amor do divino Oleiro, encontramos chão firme e segurança necessária para viver o batismo e entusiasmo na preparação da crisma.

Recordar – O que a nossa vida está dizendo?
- O que faz o oleiro?
- Qual a matéria-prima do trabalho do oleiro?

> Na *internet*, há muitas composições musicais que falam da comparação de Deus com o oleiro. Uma belíssima composição é "Dios, mi alfarero" (Deus, meu oleiro), interpretada pela irmã Glenda. Embora em espanhol, é de fácil compreensão. Disponível em:
> - http://www.youtube.com/watch? • http://www.youtube.com/watch?
> - http://www.divinooleiro.com.br/revista.php
>
> Acesso em 21 maio de 2012.

Escutar – O que o texto está dizendo?
Canto de acolhida à Palavra de Deus
Ler: Jr 18,1-6
- Enquanto todos cantam, três catequizandos erguem a Bíblia, o vaso de barro e a vela acesa, permanecendo ao lado daquele que faz a leitura.
- No texto que acabamos de ouvir, o que o profeta Jeremias relata?
- Qual comparação que Jeremias fez entre o agir do oleiro e o agir de Deus?

Meditar – O que o texto diz para mim?
- Como colocar-me nas mãos de Deus, como um vaso em transformação?
- IR à casa do Oleiro, OUVIR o convite do divino Oleiro, VER o que o divino Oleiro já realizou em minha vida.

> **Perceba!**
> Nas mãos de um oleiro, o barro responde à menor pressão e se deixa modelar. Nós, contudo, raramente nos portamos assim. Discutimos com Deus e resistimos à sua vontade, mesmo pedindo que a sua vontade seja feita assim na terra como no céu. Nossas vidas não se encontram sujeitas a um destino cego, um acaso invisível. Nossas vidas podem estar nas mãos do Deus todo-poderoso. Ele nos permite uma relação filial, ou seja, ele se revela como um bom Pai, demonstra interesse pessoal em nossas vidas; ele é o nosso oleiro.

Rezar – O que o texto me faz dizer a Deus?
- Louve e agradeça a Deus pela presença amorosa do divino Oleiro em todos os momentos da vida (*o catequista reza a parte da pessoa e o grupo, o que Deus responde*).

1. Seu coração diz: "Isso é impossível!" Deus diz: "todas as coisas são possíveis" (cf. Lc 18,27).
2. Seu coração diz: "Estou muito cansado!" Deus diz: "Eu te darei descanso" (cf. Mt 11,28).
3. Seu coração diz: "Ninguém me ama de verdade!" Deus diz: "Eu te amo" (cf. Jo 3,16).
4. Seu coração diz: "Não consigo ir em frente!" Deus diz: "Minha graça te basta" (cf. 2Cor 12,9; Sl 91,155).
5. Seu coração diz: "Eu não consigo perceber as coisas!" Deus diz: "Eu dirigirei os teus passos" (cf. Pr 3,5-6).
6. Seu coração diz: "Eu não consigo fazer isto!" Deus diz: "Você pode todas as coisas" (cf. Pr 4,13).

7. Seu coração diz: "Eu não sou capaz!" Deus diz: "Eu sou capaz" (cf. 2Cor 9,8).
8. Seu coração diz: "Não sei por que isso aconteceu!" Deus diz: "Todas as coisas contribuem" (cf. Rm 8,28)
9. Seu coração diz: "Não consigo me perdoar!" Deus diz: "Eu perdoo você" (cf. 1Jo 1,9).
10. Seu coração diz: "Não consigo o que quero!" Deus diz: "Eu suprirei todas as suas necessidades" (cf. Fl 4,19).
11. Seu coração diz: "Estou com medo!" Deus diz: "Eu não te dei um espírito de covardia" (cf. 2Tm 1,7).
12. Seu coração diz: "Estou sempre preocupado e frustrado! Deus diz: "Lança toda tua ansiedade em mim" (cf. 1Pd 5,7).
13. Seu coração diz: "Eu não tenho fé suficiente!" Deus diz: "Eu tenho dado a cada um segundo a medida da fé" (cf. Rm 12,3).
14. Seu coração diz: "Eu não sou inteligente!" Deus diz: "Eu te dou sabedoria" (cf.1Cor 1,30).
15. Seu coração diz: "Eu me sinto sozinho e abandonado!" Deus diz: "Eu nunca te deixarei, nem te desampararei" (cf. Hb13,5) (autor desconhecido).

Canto com mensagem de vaso novo

Comtemplar – Olhar a vida como Deus olha
- Individualmente, ler a frase: "Eu estou nas mãos de Deus, como o barro nas mãos do oleiro".
- Pensar em modos de colocar-se ainda mais nas mãos de Deus.
- Deixe-se modelar nas mãos do divino Oleiro, para que nada o separe do amor de Jesus Cristo.

Compromisso – O que a Palavra de Deus me leva a fazer?
- Vou registrar em meu caderno (para partilhar no próximo encontro) três virtudes que vi em pessoas que respeito e que me lembram da ação do divino Oleiro.
- Quero animar meus colegas a frequentar assiduamente os encontros de catequese. Como posso fazer isso?
- Posso deixar uma mensagem de esperança no blogue do grupo de catequese?

O que eu penso agora?
- O que significa considerar Deus como o nosso oleiro?
- O que dificulta minha disponibilidade como barro nas mãos de Deus, nosso oleiro?
- O que facilita para que nos coloquemos como barro nas mãos de Deus, nosso oleiro?

Lembrete: Trazer para o próximo encontro recorte, reportagens que possam revelar medos com que nos defrontamos na atualidade.

5º Encontro

Deus: companheiro fiel de todas as horas
"Não tenha medo, pois estou com você" (Is 41,10)

Fique ligado! Sentimo-nos seguros quando temos certeza de que somos amados. Uma das maiores seguranças que uma pessoa pode ter é confiar na ação e no poder de Deus, nos momentos de alegria, sofrimento, dúvidas, incertezas, conflitos... Antes de subir ao céu, Jesus disse: "Eis que estou convosco todos os dias, até o fim do mundo" (Mt 28,20). Isto é razão para vivermos cheios de alegria! Deus vem ao nosso encontro, ele é o companheiro fiel de todas as horas. "Ele permite vencer o medo da morte, inclusive de suportar a provação e as perseguições" (CIC 1808). Jesus cura todo mal e toda enfermidade (Mt 9,35).

Recordar – o que a nossa vida está dizendo?
- O que faz com que uma pessoa seja considerada amiga fiel de todas as horas?

Escutar – O que o texto está dizendo?
Canto para acolher a Palavra
Ler: Is 41,9-10
- Quem está falando e como se apresenta?
- O que promete?

Meditar – o que o texto diz para mim?

Converse tranquilamente com Deus sobre seus medos e preocupações e ouça em seu coração o que ele diz para você: "Não tenha medo!"

> **Perceba!**
> Em nossa vida, muitas vezes deparamo-nos com contratempos, momentos de dificuldade em que tudo ao nosso redor parece ser sombrio e triste. A confiança em Deus, nosso Salvador, permite-nos encontrar um raio de luz, por mais escuro que esteja ao nosso redor, protegendo o nosso coração do sentimento de solidão e abandono.

Rezar – O que o texto me faz dizer a Deus?

Após cada invocação todos rezam: **Fica conosco, Senhor!**
- Para sermos livres dos medos e inseguranças;
- Para que estejamos sempre cheios de esperança;
- Para sermos sempre tua presença entre os irmãos;
- Para que sejamos sensíveis com todos os que sofrem;

Contemplar – Olhar a vida como Deus olha

- Coloque-se sempre nas mãos de Deus, fiel amigo de todas as horas.
- Medite sobre a manifestação contemplativa de Santa Teresa de Ávila sobre o amor divino:
  Nada te perturbe, nada te espante, tudo passa, Deus não muda.
  A paciência tudo consegue. Quem a Deus tem, nada lhe falta,
  Só Deus basta (Santa Teresa de Ávila).

Compromisso – O que a Palavra de Deus me leva a fazer?

- Há algum momento em sua vida em que você sentiu de modo especial a presença amorosa de Deus? Você pode transformar essa lembrança em um poema? Não precisa ter rima ou métrica fixa; acima de tudo, seu poema pode revelar sentimento e fé. Busque inspiração no poema de Santa Teresa de Ávila.

> **O que eu penso agora?**
> - Em que momentos podemos recorrer à confiança em Deus?
> - Como desenvolver mais confiança em Deus?
> - Como você pode ajudar um amigo a crescer na confiança em Deus?

Lembrete: Convidar quatro catequizandos do grupo para apresentar, no próximo encontro, uma encenação que traduza a essência do pensamento de Jesus em Mt 6,25-33.

CATECUMENATO

6º Encontro

De mãos dadas para construir a vida
"O Pai de vocês, que está no céu, sabe do que vocês precisam" (Mt 6,32)

Fique ligado! Desde toda a eternidade Deus me conhece e me chama pelo nome. Ao chamar-me pelo nome, ele me chama à vida (cf. Jr 1,5). Deus nos ama e não nos abandona. Somos obra de suas mãos. Por isso precisamos cuidar bem para não estragar a obra criada por Deus com tanto amor. Há uma vida que não vemos, mas sentimos em toda a natureza e em nossa vida, porque Deus mora em nós. É Deus a fonte de toda a vida. Todo ser humano tem a vida como dom de Deus. E Jesus falou: "Eu vim para que todos tenham vida e a tenham em abundância" (Jo 10,10). Todos têm o direito à vida, por isso todos deveriam ter o compromisso de respeitá-la e defendê-la. A vida de todo ser humano é acometida por alegrias, interrogações, sonhos, necessidade, esperanças, tristezas e angústias. Ela necessita de cuidados desde o nascimento até a morte. Jesus nos ensina a cuidar da vida e ter certeza de que Deus nos ama. Ele caminha conosco e seu amor é mais sincero do que qualquer sentimento humano. Deus é nosso Pai e, se mostra cuidados com as aves e as flores, quanto mais cuidado, carinho, não há de ter para conosco? Jesus falou das flores. Pediu-nos para olhar as flores, aprender das flores, descobrir a mensagem das flores. Se ele cuida das flores do campo, quanto mais dos seus filhos e filhas queridos. Deus não está indiferente às situações de nossa vida e de nossa história.

Recordar – O que a nossa vida está dizendo?
- Para você, qual é o valor da vida?
- Como cuidar da vida no lugar e tempo em que você vive?
- Na comunidade você conhece alguém que se preocupa com o cuidado da vida das pessoas e do meio ambiente? Como acontece esse cuidado?

Escutar – O que o texto está dizendo?
- Canto de aclamação ao Evangelho

(Durante o canto, três catequizandos trazem para o centro do círculo a Bíblia, a água com pétalas de rosas, um lírio ou outra flor).
- Encenar o texto de Mt 6,25-33 (solicitado no encontro anterior).
- Após a encenação, o texto pode ser lido.
- Para quem Jesus está falando?
- O que Jesus pede para olhar e considerar?
- Quem vale mais que os pássaros e as flores? Por quê?
- A palavra vida aparece no texto quantas vezes?

> **Madre Teresa de Calcutá**, olhando para sua vida, conclui: "Não sou nada, senão um instrumento, um pequeno lápis nas mãos do meu Senhor, com o qual Ele escreve aquilo que deseja".
> Este fragmento nos remete à história do lápis, disponível em: www.homemsonhador.com/AHistoriaDoLapis.html

Meditar – O que o texto diz para mim?
- Individualmente, ponderar o texto que segue:

Viver é um desafio! Diariamente, ao meu redor, observo muitas injustiças.
Em algumas delas nem reparo, outras me fazem ficar triste, com raiva, ressentido...
Enfim, não me sinto bem! E, por vezes, sou eu quem comete as injustiças que afetam aos outros.

Então, nesses momentos, eu me sinto tão pequeno!
"Bem-aventurada a pessoa que põe em Deus a sua confiança!" (Sl 40,5).
Eu queria ser essa pessoa! Queria mesmo! Queria aprender a confiar em Deus. É difícil!
Uma pequena planta cresce dia a dia, e o Senhor sabe de seu crescimento.
Senhor, fazei crescer a minha fé!
Uma pequena ave pousa de seu voo para alimentar-se, e o Senhor sabe que ela não semeou nem ceifou o que, agora, alegremente come.
Senhor, alimentai a minha fé!
Não vou desistir de, a cada dia, pôr minha vida nas mãos de Deus.
Senhor, não me deixeis desistir, nunca, de amar-vos e servir-vos!
"Elevo os meus olhos para os montes. De onde me vem o socorro? O meu socorro vem do Senhor, que fez os céus e a terra..." (Sl 121,1-2)

Rezar – O que o texto me faz dizer a Deus?
- Vamos manifestar a Deus nossa confiança e nosso agradecimento pelos cuidados que ele tem com nossa vida.

- Momento de silêncio. Pedir a Deus um coração forte e puro. Com o braço direito em direção à água, todos rezam:

Oração: Senhor Deus! Perfuma nossa vida com o teu amor e ternura. Vem abençoar esta água; faze que, ao tocarmos nela com fé, sintamos tua graça, que nos renova. Amém!

(Tocar na água perfumada com as pétalas de flores e traçar o sinal da cruz.)

Contemplar – Olhar a vida como Deus olha

- Vamos colocar-nos nas mãos de Deus e contemplar sua bondade, porque em suas mãos somos o melhor de sua criação.
- Como permitir que Deus cuide de minha vida?

> **Perceba**
> Eu sou importante para ti, Senhor!
> Mesmo quando desejam derrubar-me;
> Mesmo quando parecem ignorar-me;
> Mesmo quando incentivam-me a afastar-me;
> Eu sou importante para ti, Senhor!
> Fica comigo, por favor, e faze crescer no meu coração plantas e flores do teu amor, faze de meu coração um jardim para o teu louvor, faze-me forte para que eu nunca desista de ti, pois tu jamais desistes de mim!

Compromisso – O que a Palavra de Deus me leva a fazer?

- Durante a semana, com meus familiares, colegas de aula ou de trabalho, procurarei ser generoso e desprendido, atento à partilha, ao bem-querer e à justiça.
- É possível elaborar um poema para agradecer a Deus pelo dom da vida? Podemos postar esse poema no blogue do grupo?

> **O que eu penso agora?**
> Depois de todas as considerações construídas neste encontro, o que penso?
> - Qual o valor da vida para mim?
> - Como posso demonstrar, em meu cotidiano, o valor que a vida tem?
> - Como posso colocar-me ainda mais nas mãos de Deus vida?

Lembrete: Ensaiar com um catequizando, em forma de dublagem, um canto que fale de vida.

A revelação da ternura de Deus na criação
"Deus criou o homem à sua imagem e semelhança" (Gn 1,27)

Fique ligado! Todos nós somos eternos no coração, na mente e no amor de Deus, porque fomos modelados pelo seu amor e ternura. Deus revela sua ternura e vida em toda a criação. A criação não é obra definitiva. Deus continua criando e, para isso, conta com a participação de cada um de nós. Deus é criativo e generoso. Expressa sua ternura na criação, nas diferentes formas de vida. Na criação da terra e do céu, o ser humano estava no coração e na mente de Deus. Desde toda a eternidade, antes da criação do mundo, Deus nos ama e nos conhece pelo nome. Somos eternos no coração de Deus. A pessoa, além de criatura mais perfeita da criação, ainda é elevada à condição de filha amada e querida por Deus. A vida é fruto do amor. Exige de cada pessoa atenção, cuidado, respeito, amor e criatividade para preservá-la em todas as situações. Jesus deu um testemunho eloquente de vida. Venceu a morte para resgatar a vida com a ressurreição (Jo 11,25).

Recordar – O que a nossa vida está dizendo?
- Em duplas relatar pontos que revelam ternura e zelo da comunidade com a vida e a natureza.
- Como nossa comunidade pode manifestar ternura e zelo com a vida?

Escutar – O que o texto está dizendo?

Canto para acolher a Palavra
Ler Gn 1,1-31
- O que o texto narra?
- Quem está falando no texto?
- Para quem é dirigida a fala no texto lido?

Meditar – O que o texto diz para mim?
- Reler o texto cuidadosamente e identificar quais as marcas de vida e de ternura que eu posso imprimir em minha história pessoal e no mundo criado.

> **Perceba!**
> A palavra "Gênesis" significa "começo". A vida ganha na Palavra de Deus importância primordial: o começo da Palavra de Deus é o relato do começo da vida. O relato deixa em evidência que Deus age a favor da vida e de sua mais valiosa criação, o ser humano. Isso deve deixar impresso em nosso coração que nosso bom Deus é um Deus cuidadoso, Deus de ternura, que nos valoriza e nos ama.

Rezar – O que o texto me faz dizer a Deus?

O catequista convida um catequizando para rezar de forma clara e dando sentido à oração:
- O Senhor me criou como primeira e mais importante de suas obras.
- Desde o princípio, antes do começo da terra.
- Desde a eternidade fui formado/(a), antes de suas obras dos tempos mais antigos.
- Ainda não havia abismos quando fui concebido/(a) e ainda as fontes das águas não tinham brotado.
- Antes que assentados fossem os montes,
- Antes das montanhas, fui dado/(a) à luz,
- Antes que fossem feitos a terra e os campos,
- Quando ele preparava os céus, aí estava eu.
- Quando firmou as nuvens do alto,
- Quando dominou as fontes do abismo,
- Quando impôs regras ao mar, para que suas águas não transpusessem os limites.
- Quando assentou os fundamentos da terra,
- Junto dele estava eu como artífice de Deus.
- A sabedoria de Deus estava presente em tudo.
- Ela me sustenta desde toda a eternidade.

Contemplar – Olhar a vida como Deus olha
- Convidar os catequizandos a contemplar a frase que cada um recebeu na chegada: "Você está na mente e no coração de Deus, desde toda a eternidade". Numa atitude de louvor e agradecimento, cada qual procure reconhecer, contemplar e agradecer as marcas da ternura de Deus em sua vida.

Compromisso – O que a Palavra de Deus me leva a fazer?

- Somos herdeiros da ternura de Deus. Como nosso Pai, também podemos agir a favor da vida.
- Poderia você, durante a semana, visitar uma pessoa necessitada e levar-lhe um pouco de consolo, falando-lhe da misericórdia, da ternura e da bondade de Deus?

O que eu penso agora?
Depois de todas as considerações construídas neste encontro:
- Como posso demonstrar, em meu cotidiano, que também valorizo a vida e ajo a favor dela?
- Agir a favor da vida exige que atitude de minha parte?
- O que significa, para mim, estar na mente e no coração de Deus?

Lembrete: O catequista combina com os catequizandos a treinarem, para o próximo encontro, o texto de Jr 32,39-41 para ser declamado. Na impossibilidade de todos declamarem, combinar para que ao menos dois catequizandos o façam.

O catequista propõe ao grupo para que, da visita acima sugerida, cada um faça e traga, para o próximo encontro, um relato de pontos importantes que tenha percebido nessa experiência. Se possível, procure inseri-lo no blogue do grupo.

8º Encontro

O amor de Deus em nós: uma aliança eterna
"Farei com eles uma aliança eterna e nunca deixarei de fazer-lhes o bem" (Jr 32,40)

Fique ligado! A palavra "aliança", na Bíblia, tem significados lindos: amor, combinação, união, comunhão, vínculo, diálogo, casamento, tratado, compromisso... Toda a história do povo de Deus na Bíblia é marcada pela aliança. A Bíblia mostra que Deus sempre faz alianças por intermédio de pessoas, nos mais diferentes aspectos: promessas com os Patriarcas, aliança com Moisés no monte Sinai, compromisso para com a fidelidade com o seu povo até chegar à Nova e definitiva Aliança com Jesus Cristo. É tão forte a aliança do amor de Deus para com as pessoas que ele nos criou à sua imagem e semelhança. A maior aliança de Deus foi entregar como prova suprema de amor seu próprio Filho à morte, para nos salvar (Jo 3,16). O amor e o compromisso de uma aliança são invisíveis, brotam do coração, mas têm um sinal externo que vem "selar" esse pacto de amor. Tomemos como exemplo Noé, que ofereceu um sacrifício ao Senhor sobre o altar. Deus disse a Noé e aos seus filhos: "Vou fazer uma aliança com vocês e seus descendentes" (Gn 9,1-17). Essa aliança foi simbolizada pelo arco-íris. Deus também estabeleceu uma aliança com a nação de Israel, por meio de Moisés. A aliança feita com Moisés – os dez mandamentos – foi gravada em tábuas de pedra, configurando o decálogo, que seria a prova e o compromisso dessa aliança. A aliança do Sinai é a mais importante do Antigo Testamento e diferente das outras alianças. Nela, Deus se manifesta como nosso Deus e nos adota como seu povo; por isso somos todos irmãos, tendo um único Deus. Deus mostrou seu amor, escolheu um povo; para que, por meio de sua história, os outros povos percebessem o quanto ele ama a pessoa humana. Jesus é o mediador da Nova Aliança. A nova aliança tem vínculos indestrutíveis de misericórdia, de amor e de solidariedade.

Recordar – O que a nossa vida está dizendo?
- Você conhece pessoas na comunidade que estabeleceram algum tipo de acordo?

Escutar – O que o texto está dizendo?
- Dois catequizandos apresentam a Bíblia; todos acolhem a Palavra com um canto, com mensagem referente à palavra e ao amor de Deus.
  Canto para acolher a Palavra
  Ler Jr 32,39-41 (*Convidar três pessoas para que se apresentem e declamem o texto*).
- Quem está falando no texto?
- Do que o texto está falando?
- O que o texto diz a respeito da Aliança?

Meditar – O que o texto diz para mim?
- Que provocações o texto me faz?
- Como responder ao desejo de Deus, que me quer feliz?

> **Perceba!**
> A Igreja é ao mesmo tempo caminho e finalidade do desígnio de Deus. Prefigurada na criação, preparada na Antiga Aliança, fundada pelas palavras e atos de Jesus Cristo, realizada por sua Cruz redentora e por sua Ressurreição, ela é manifestada como mistério de salvação pela efusão do Espírito Santo. Será consumada na glória do céu como assembleia de todos os resgatados da terra (Catecismo da Igreja Católica, §778).

Rezar – O que o texto me faz dizer a Deus?
- Diante das provocações do texto, vou agradecer a Deus pelos sinais de Aliança, a qual ele me propõe em todos os momentos, todos os dias de minha vida (momento de silêncio).
- Rezar em dois coros o Salmo 89 (88) (um grupo reza A; outro, B).
  A - Cantarei para sempre o amor do Senhor, anunciarei de geração em geração a tua fidelidade.
  B - Pois eu disse: "Teu amor é um edifício eterno, Tu firmaste a tua fidelidade mais que o céu".
  A - Selei uma aliança com o meu eleito, jurando ao meu servo Davi:
  "Vou estabelecer sua descendência para sempre, e de geração em geração vou construir um trono para você".
  B - Para sempre vou manter com ele o meu amor, e minha aliança com ele será firme.
  Jamais violarei a minha aliança, nem mudarei as minhas promessas.
  Todos - Seja bendito, Senhor, para sempre!
  Amém! Amém!

Contemplar – Olhar a vida como Deus olha
- Vou colocar-me nas mãos de Deus e contemplar os gestos de amor, a grande e fiel Aliança que sustenta minha vida.

Compromisso – O que a Palavra de Deus me leva a fazer?
- Veja gestos de amor – alianças – que Deus lhe concede no decorrer de sua vida, das outras pessoas e do planeta terra. Anote em seu caderno, para relatar no próximo encontro.

O que eu penso agora?
Depois de todas as considerações construídas neste encontro, o que penso?
- O que significa, para mim, Deus desejar estabelecer uma aliança comigo?
- Eu aceito que, quando eu ajudo em uma pastoral da Igreja, eu me torno mais íntimo com Deus? Por quê?
- Que gestos de aliança e amor encontro no meu cotidiano com Deus?

Lembrete: Relatar essa experiência no próximo encontro.

9º Encontro

Por amor, o Pai envia seu Filho Jesus
"Deus amou tanto o mundo que entregou seu Filho único"(Jo 3,16)

Fique ligado! Deus revela a mais nobre prova de amor à humanidade. O amor infinito de Deus é claramente expresso pelo advérbio "tanto": Ele não poupou o seu próprio Filho e o entregou para todos nós (Rm 8,32). Jesus veio para revelar quem é o Pai. Revelar quer dizer tirar o véu que cobre o mistério de Deus Pai. Jesus ajudou a humanidade a enxergar melhor o plano de amor que o Pai tem, desde sempre, para cada um de nós. Revelou que o Pai é um Deus justo e bom, ama sem excluir ninguém. Revelou que a pessoa humana é o centro de seu plano de amor. Com Jesus podemos entender melhor qual é o sentido da nossa vida e da nossa história.

Recordar – O que nossa vida está dizendo?
- Recorde algum momento de sua vida em que você sentiu que foi amado.
- Que pessoas, na comunidade, traduzem para você doação, gratuidade, amor, compaixão com o próximo?

Escutar – O que o texto está dizendo?
Canto de aclamação
Ler Jo 3,16-17
- O que o texto está dizendo?
- O que diz o texto a respeito de Jesus?

Meditar – O que o texto diz para mim?

- Vou reler o texto e destacar uma frase ou palavra em que percebo que Deus realmente me ama. Deus me revela seu amor, enviando seu Filho, Jesus. Como eu vou corresponder a esse amor de Deus?

> **Perceba!**
> "Deus é Amor (1Jo 4,8-16)". O amor é o primeiro dom. Ele contém todos os demais. Esse amor, "Deus o derramou em nossos corações pelo Espírito que nos foi dado" (Rm 5,5). Jesus fez da caridade o novo mandamento. Amando os seus "até o fim" (Jo 13,1), Jesus manifesta o amor do Pai que ele recebe. Amando-nos uns aos outros, cumprimos o mandamento de Jesus. Por isso diz Jesus: "Assim como o Pai me amou, também eu vos amei. Permanecei em meu amor" (Jo 15,9). E ainda: "Este é o meu preceito: Amai-vos uns aos outros como eu vos amei" (Jo 15,12). Toda a vida de Cristo – suas palavras e seus atos, seus silêncios e seus sofrimentos, sua maneira de ser e de falar – é Revelação do Pai. Jesus pode dizer: "Quem me vê, vê o Pai" (Jo 14,9); e o Pai pode dizer: "Este é o meu Filho, o Eleito; ouvi-o" (Lc 9,35). Tendo, Nosso Senhor, se feito homem para cumprir a vontade do Pai, os mínimos traços de seus mistérios nos manifestam "o amor de Deus por nós" (1Jo 4,9);(Catecismo da Igreja Católica, §516).

Rezar – O que o texto me faz dizer a Deus?

- Individualmente, louve e agradeça a Deus pela bondade e generosidade dele e de seu Filho, Jesus.

Oração: Deus, fonte de vida, força amorosa e geradora de salvação, agradeço-te por enviar teu Filho, Jesus, manifestação do amor sem limites. Concede-me a graça de te amar e te revelar, seguindo teu Filho, Jesus. Amém.

Contemplar – Olhar a vida como Deus olha

- Contemple a ternura e o amor misericordioso de Deus e agradeça seu amor infinito.

Compromisso – O que a Palavra de Deus me leva a fazer?

- No decorrer do dia procure mergulhar na misericórdia de Deus e externar agradecimentos por meio de um gesto de caridade.
- Registre essa sua experiência com Deus e sua atitude de vida no caderno, para partilhar com os colegas no próximo encontro. Não esqueça também de relatá-la no blogue do grupo da catequese.

> **O que eu penso agora?**
> Depois de todas as considerações construídas neste encontro, o que penso?
> - Que significado tem para mim Deus ter entregado seu Filho ao mundo para morrer?
> - Como posso imitar o amor de Jesus?

10º Encontro

Jesus diz: "Eu sou o Bom Pastor"
"O Senhor é meu Pastor, nada me faltará" (Sl 23,1)

Fique ligado! Jesus se compara a um bom pastor; e nós, às ovelhas. Ele disse: "Eu sou o bom pastor. Conheço as minhas ovelhas e as ovelhas me conhecem" (Jo 10,14). Essa parábola serviu como imagem para expressar aquilo que Deus é na sua relação com a pessoa; o cuidado, o carinho e a ternura que ele tem por nós. Deus se preocupa com todas as pessoas. Jesus dá sua própria vida a todos aqueles que aceitam sua proposta. No convívio com o bom pastor, a vida da pessoa é configurada com o modo de ser e agir dele, que disse: Eu garanto a vocês que aquele que não entra pela porta no curral das ovelhas, mas sobe por outro lugar, é ladrão e assaltante. Mas aquele que entra pela porta, é o pastor das ovelhas. O porteiro abre a porta para ele, e as ovelhas ouvem a sua voz; ele chama cada uma de suas ovelhas pelo nome e as conduz. Chama-as pelo nome, caminha na frente delas (cf. Jo 10,1-5). As ovelhas o seguem porque conhecem sua voz. Elas nunca vão seguir um estranho; ao contrário, vão fugir dele, porque elas não conhecem a voz dos estranhos (cf. Jo 10,1-5).

Recordar – O que a nossa vida está dizendo?
- O que entendemos quando falamos em pastor?
- Que pessoas fazem o papel de pastor em nossa comunidade?

Escutar – O que o texto está dizendo?
Canto para aclamar o Evangelho
Ler Jo 10,1-6
- De quem o texto está falando?
- O que Jesus disse sobre os que não entram pela porta?
- Qual a atitude do bom pastor?
- Por que as ovelhas seguem a voz do pastor?

Meditar – O que o texto diz para mim?
- Vou pensar no texto e me sentir a ovelha querida de Deus. Quero propor-me a seguir o bom pastor.

> **Perceba!**
> Jesus tem palavras de vida. Ele cuida amorosamente de cada um de nós, como parte de seu povo, assim como um pastor cuida de suas ovelhas. Jesus é plenamente "Bom", entregando-se pelas ovelhas, em morte sacrificial e permanecendo na eucaristia. Somos ovelhas de um mesmo rebanho, cujo pastor é Cristo!

O que o texto me faz dizer a Deus?
- Em silêncio, fale com Jesus, o bom pastor, e agradeça pelo cuidado que ele dedica a você em todos os momentos de sua vida.

- Rezar em dois coros o Salmo 23/22 ou cantar "Pelos prados e campinas"

Vós sois, meu pastor, ó Senhor, nada me faltará se me conduzis.

Por justos caminhos, meu Deus, vem guiar-me e
De todos os perigos vem livrar-me!

Meu Deus junto a mim, o mal não temerei e
Seguro em seu cajado tranquilo eu estarei.

Prepara-me a mesa perante o opressor,
Perfuma-me a fronte, minha taça transborda.

Felicidade e amor sem fim me seguirão.
Um dia em sua casa e meus dias passarão.

Contemplar – Olhar a vida como Deus olha

- Em silêncio faça a experiência de ouvir a voz de Deus-pastor e agradeça por participar de seu rebanho.

Compromisso – O que a Palavra de Deus me leva a fazer?

- Fazer um levantamento das pessoas de sua comunidade que são consideradas pastores, porque realizam o bem em diferentes pastorais e trabalhos.
- Como ovelha do rebanho do Bom Pastor, vou ouvir atentamente seu chamado para o cuidado da minha vida, da vida daqueles com os quais convivo no dia a dia e da vida do planeta terra.

> **O que eu penso agora?**
> - O que significa, para mim, Jesus ser o Bom Pastor?
> - Uma amiga sua diz que gosta muito de Deus, mas que não vai à missa nem participa de qualquer atividade da paróquia. O que você poderia dizer-lhe?
> - "Paróquia é uma determinada comunidade de fiéis, constituída de maneira estável na Igreja particular, e seu cuidado pastoral é confiado ao pároco, como a seu pastor próprio, sob autoridade do bispo diocesano". É o lugar onde todos os fiéis podem ser congregados pela celebração dominical da eucaristia. A paróquia inicia o povo cristão na expressão ordinária da vida litúrgica, reúne-o nessa celebração, ensina a doutrina salvífica de Cristo, pratica a caridade do Senhor nas obras boas e fraternas" (Catecismo da Igreja Católica, §2179).

- Na despedida, dispor os catequizandos em duplas, um em frente ao outro. Cada um coloca a mão direita sobre o ombro do outro e diz: "Vai em paz, pois Jesus é o Pastor que conduz tua vida" (Todos se abraçam).

11º Encontro

Jesus é o Caminho, a Verdade e a Vida
"Eu sou o Caminho, a Verdade e a Vida"(Jo 14,6)

Fique ligado! Jesus nos revelou que ele é o Caminho, a Verdade e a Vida. Nossa confiança e fé em Jesus Cristo nos permitem perceber que em nossa caminhada não estamos sozinhos. Jesus caminha conosco. O seguimento de Jesus é um exercício que inclui procedimentos próprios. Quais os procedimentos para seguir Jesus? Como encontrar o caminho sem um mapa, guia ou GPS? O próprio Jesus nos dá a resposta em (Jo 14,6): "Eu sou o Caminho, a Verdade e a Vida". "Vem e segue-me" (Lc 18,22).

O desafio para todo ser humano – em particular para todos que aceitam Jesus como caminho – é escutar a voz de Cristo em meio a tantas outras vozes.

O jovem encontra o Senhor na leitura dos Evangelhos e na vida comunitária, na qual aprende a escutar a voz de Deus no meio das circunstâncias próprias de nosso tempo, vivenciando assim o mistério da Encarnação (CNBB, n. 85,60). Forja sua vida em Jesus, Caminho, Verdade e Vida, na oração pessoal, no diálogo ecumênico e religioso, no cotidiano da vida (escola, bairro, trabalho, família...), nas artes (música, teatro, dança...) e em toda a criação, numa relação harmoniosa com as criaturas.

Os primeiros cristãos eram chamados de *seguidores do caminho*, pois seguiam Jesus, que estava sempre caminhando ao encontro das pessoas, principalmente dos pobres, doentes e necessitados.

Jesus caminhava com todas as pessoas para anunciar a Boa Notícia do Reino que é Deus.

Num mundo de tantos caminhos, de tantas propostas tentadoras, de tanta propaganda enganosa que se apresenta como "verdade", que se diz capaz de dar sentido à vida e fazer feliz a todos, Jesus continua afirmando que ele é o *Caminho* que conduz ao Pai, que nos faz todos irmãos; a *Verdade* que nos dá o critério para sabermos o que nos faz verdadeiramente felizes e a *Vida* plena, pois, por amor, ele nos deu a vida que estava em Deus e que, por seu intermédio, fez-se presente entre nós. Jesus disse: "eu sou o Caminho, a Verdade e a Vida". Com tal afirmação, Jesus indaga: Por onde queres ir? Eu sou o Caminho. Para onde queres ir? Eu sou a Verdade. Onde queres permanecer? Eu sou a Vida. A fé em Jesus leva-nos a perceber que ele é o Caminho, a Verdade e a Vida.

Recordar – O que a nossa vida está dizendo?
- Em que diferentes circunstâncias alguém pode dizer "Estou perdido"?
- Do que precisa uma pessoa para não se perder em algum lugar?

Escutar – O que o texto está dizendo?
Canto de aclamação ao Evangelho
Ler Jo 14, 1-7
- Quem está falando no texto?
- O que Jesus disse de si mesmo?
- O que disse Tomé?
- O que Jesus disse aos discípulos?

Meditar – O que o texto diz para mim?
- Vou recordar o texto e meditar sobre a resposta de Jesus: "Eu sou o Caminho, a Verdade e a Vida" (Jo 14,6). Perceber como posso pautar minha vida em Jesus.

> **Perceba!**
> Jesus nos prepara um lugar. Nós também preparamos um lugar para Jesus em nosso coração? Viver com Jesus torna a nossa vida mais plena, mas temos de ser completos em nosso modo de viver com Cristo!

Rezar – O que o texto me faz dizer a Deus?
- Ler individualmente a oração que segue e, após, rezá-la juntos.

Oração do Congresso Eucarístico Nacional
Senhor Jesus, tu és o Caminho!
Em meio a sombras e luzes, alegrias e esperanças, tristezas e angústias,
tu nos levas ao Pai. Não nos deixes caminhar sozinhos.
Fica conosco, Senhor! Tu és a Verdade!
Desperta nossas mentes e faze arder nossos corações com a tua Palavra.
Que ela ilumine e aqueça os corações sedentos de justiça e santidade.

Ajuda-nos a sentir a beleza de crer em ti! Fica conosco, Senhor!
Tu és a Vida! Abre nossos olhos para te reconhecermos
no "partir o Pão", sublime sacramento da eucaristia!
Alimenta-nos com o Pão da Unidade. Sustenta-nos em nossa fragilidade.
Consola-nos em nossos sofrimentos. Faze-nos solidários com os pobres, os oprimidos e excluídos.
Fica conosco, Senhor!

Jesus Cristo: Caminho, Verdade e Vida, no vigor do Espírito Santo,
Faze-nos teus discípulos missionários! Com a humilde serva do Senhor, nossa Mãe Aparecida, queremos ser alegres no caminho para a Terra Prometida!
Corajosas testemunhas da Verdade libertadora! Promotores da Vida em plenitude! Fica conosco, Senhor! Amém! (XVI Congresso Eucarístico Nacional, 2010).

Contemplar – Olhar a vida como Deus olha

- Vou colocar-me nas mãos de Deus e contemplar a obra de Jesus, para que eu possa encontrar o Caminho que devo percorrer com os irmãos; a Verdade que devo proclamar ao mundo carente da Luz divina; e a Vida que devo defender e dela cuidar.

Compromisso – O que a Palavra de Deus me leva a fazer?

- Vou incentivar os meus pais para que assumam comigo o propósito de lembrar no cotidiano que Jesus é o Caminho, a Verdade e a Vida.
- Note a questão das atualizações dos mapas rodoviários. Fique atento!

O que eu penso agora?
- Depois de todas as considerações construídas neste encontro, o que penso?
- O GPS surge como indicador do caminho a percorrer. Mira o ponto final a partir de onde se encontra.
- Quais as indicações, procedimentos que posso assumir para que, à semelhança do GPS para o viajante, Jesus seja o indicador do meu caminho?
- Onde encontro as indicações para seguir Jesus?

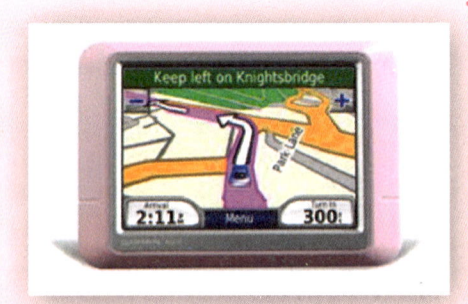

Lembrete: Trazer para o próximo encontro pequenas imagens ou estampas de Nossa Senhora.

Chamados, como Maria, a seguir Jesus
"Fazei tudo o que ele vos disser" (Jo 2,5)

Fique ligado! O sim de Maria, proferido ao anjo na anunciação, nos ensina a caminhar na dinamicidade do seguimento, isto é, na conversão permanente a Jesus Cristo. Em Maria, descobrimos o perfil espiritual da primeira cristã, seguidora fiel de Jesus. Encontramos em Nossa Senhora muitos valores: oração pessoal e comunitária, humildade, sentido de justiça, solidariedade com as pessoas, escuta da Palavra de Deus, confiança em Deus, fidelidade, misericórdia... Maria, pessoa ouvinte da Palavra de Deus. Quando o anjo Gabriel lhe comunicou o chamado de Deus para ser a Mãe de Jesus, ela respondeu: "Eis aqui a serva do Senhor, faça-se em mim segundo a tua palavra" (Lc 1,38). Isso demonstra que ela conhecia o plano de Deus revelado na Escritura. Maria, com a indicação: "Fazei tudo o que ele vos disser" (Jo 2,5), mostra que está atenta às nossas necessidades, intercede a Deus por nós, como intercedeu junto a seu Filho Jesus, pedindo ajuda nas bodas de Caná. Maria é a Mãe de Deus e Mãe da Igreja. Ela viveu intensamente sua fé e fidelidade a Deus, de tal modo que sua vida foi marcada pela fé em Jesus no cumprimento da vontade do Pai.

Recordar – O que a nossa vida está dizendo?
Em nossa comunidade, sob que títulos veneramos Nossa Senhora?

Escutar – O que o texto está dizendo?
Canto de aclamação ao Evangelho
Ler Jo 2,1-10
- De que acontecimento o texto fala?
- Quais as pessoas que aparecem no texto?
- O que elas fazem? O que falam?

Meditar – O que o texto diz para mim?
- Em atitude de escuta, vou perceber a sensibilidade e delicadeza de Nossa Senhora, que se comoveu perante a perturbação daqueles noivos, a quem ela se apressou a socorrer, implorando ao seu Filho um milagre, o primeiro, mesmo que ainda não tivesse chegado a sua hora... e entender o que diz para mim a frase: "Fazei tudo o que ele vos disser" (Jo 2,5).

> **Perceba!**
> Façam tudo o que Jesus lhes disser! Façam tudo o que Jesus mandar! Que desafio! Quem nos desafia desse modo? A própria Maria, a Mãe de Jesus. Ela, que fez Jesus se tornar homem, se tornou a sua primeira seguidora, certamente, fez tudo o que ele lhe disse.
> Maria abre portas em Jesus. Porque é Mãe, sempre sabe o que falta para o bem dos filhos. Olhando para Deus, pede-lhe pelo bem de todos eles e olhando-nos diz: "Façam tudo o que ele lhes disser!"

Rezar – O que o texto me faz dizer a Deus?
- A sensibilidade e a fé de Maria marcam a vida dos cristãos. O sim que ela disse ao anjo Gabriel é lembrado pelos cristãos em especial no toque das Ave-Marias, que corresponde às 6, 12 e 18h (a oração pode ser rezada em dois coros).

    A: O Anjo do Senhor anunciou a Maria.
    B: E ela concebeu do Espírito Santo.
    Todos: Ave Maria...
    A: Eis aqui a serva do Senhor.
    B: Faça-se em mim segundo a tua palavra.
    Todos: Ave Maria...
    A: E o Verbo se fez carne.
    B: E habitou entre nós.
    Todos: Ave Maria...
    A: Rogai por nós, Santa Mãe de Deus.
    B: Para que sejamos dignos das promessas de Cristo.
    Todos: Oremos: Infundi, Senhor, a vossa graça em nossos corações, para que nós, que conhecemos pela anunciação do anjo a encarnação de Jesus Cristo, vosso Filho, por sua paixão e morte na cruz, cheguemos à glória da ressurreição. Pelo mesmo Cristo, nosso Senhor.

Contemplar – Olhar a vida como Deus olha
- Em silêncio contemplar a imagem (ícone no manual) de Maria atenta aos apelos de Deus Pai,

quando recebeu a mensagem do anjo; aos pés da cruz foi proclamada por Jesus a mãe da humanidade; na ressurreição de Jesus, ajudou os discípulos a recordar tudo o que Jesus ensinou, disse e fez; junto com os discípulos recebeu o Espírito Santo.

Compromisso – O que a Palavra de Deus me leva a fazer?

- Pesquise com pessoas de sua comunidade, em livros, nos recursos da mídia, os títulos dados a Nossa Senhora nos países da América Latina.
- Escrever no cartão que recebeu no início do encontro uma atitude de Maria, no seguimento de Jesus, que inicia com "S".

13º Encontro

O projeto de Jesus: o Reino de Deus
"...o Reino de Deus está no meio de nós" (Lc 17,21)

Fique ligado! Jesus nos dá a certeza de que ele pregou o Reino com seu modo de vida. O Reino de Deus significa a superação de tudo o que nos afasta de Deus e dos irmãos. O Reino de Deus não quer ser outro mundo, mas o mundo em que vivemos, transformado em novo. O Reino de Deus é uma proposta que pede uma resposta, um apelo à conversão, consiste em seguir Jesus, cortar pela raiz tudo o que provoca o mal, viver a caridade, a partilha, o despojamento, a acolhida, perceber os próprios defeitos, praticar a generosidade e ter plena confiança em Deus. Jesus não só falava sobre o Reino, ele mesmo era uma manifestação, um testemunho vivo do Reino. Jesus andou por toda a Galileia, ensinando nas sinagogas, anunciando a Boa-nova curando as enfermidades e as doenças do povo nas sinagogas, durante a celebração da Palavra nos sábados (Mc 1,21; 3,1; 6,2); em reuniões informais nas casas de amigos (Mc 2,1.15; 7, 17; 9,28; 10,10); no ambiente de trabalho, onde chamou Pedro e André, Tiago e João (Mc 1,16-20) e Mateus (Mc 2,13-14); andando pelo caminho com os discípulos (Mc 2,23); ao longo do mar, da praia, sentado num barco (Mc 4,1); junto ao poço, onde as mulheres vinham buscar água (Jo 4,6-10); no deserto, para onde se refugiou e

> **Observação:** Procure no site o conceito de REINO DE DEUS, associando-o ao projeto de amor de Deus à Humanidade. Disponível em: http://catecismo-az.tripod.com/conteudo/a-z/p/reino.html

onde o povo o procurou (Mc 1,45; 6,32-34); na montanha, de onde proclamou as bem-aventuranças (Mt 5,1); nas praças das aldeias e cidades, para onde o povo carregava seus doentes (Mc 6,55-56); no Templo de Jerusalém, por ocasião das romarias. Diariamente, sem medo, proclamava a Boa-nova do Reino.

Recordar – O que nossa vida está dizendo?

- Em nossa comunidade encontramos pessoas que se preocupam com as necessidades dos pobres e dos doentes?

Escutar – o que o texto está dizendo?

Canto de aclamação ao Evangelho
Ler Mt 4,23-25
- O que o texto está falando?
- O que Jesus ensinava?
- Qual era a atitude de Jesus perante as necessidades das pessoas?

Meditar – O que o texto diz para mim?

- Mediante o texto lido, quero aprender de Jesus seus ensinamentos; permitir que ele seja o soberano de minha vida; e seguir seus ensinamentos.

Rezar – O que o texto me faz dizer a Deus?

- Em atitude orante, farei uma prece de louvor e agradecimento a Deus pela oportunidade de conhecê-lo e segui-lo.
O salmo 146(145) é um retrato fiel de Deus e contém oito características ou bem-aventuranças que definem a ação de Deus para conosco, as quais foram confirmadas e vivenciadas por Jesus. Rezar em dois coros o salmo 146 (145), com auxílio de sua Bíblia.

Contemplar – Olhar a vida como Deus olha

- Vou colocar-me nas mãos de Deus e falar das limitações que percebo em mim e nos outros e pedir a Deus ajuda para superá-las.
- Quero comparar a atitude de Jesus com o meu modo de pensar, agir e pedir que ele me dê um novo olhar.

Compromisso – O que a Palavra de Deus me leva a fazer?

- Listar no caderno ou blogue do grupo características de Deus que aparecem no salmo 146 (145).

> **O que eu penso agora?**
> Depois de todas as considerações construídas neste encontro, o que penso?
> - Qual a importância do Reino de Deus para mim?
> - Como posso participar do projeto do Reino de Deus?

Lembrete: Trazer para o próximo encontro um registro das características de Deus reveladas no salmo 146 (145).
Na despedida, o catequista abraça a cada pessoa do grupo e diz: "(nome), que Deus te guarde! Vai em paz!"

14º Encontro

Jesus: a revelação do rosto de Deus Pai para nós
"Se me amais, observareis meus mandamentos" (Jo 14,15)

Fique ligado! Jesus falava com a ternura de Deus Pai. Falava tanto que Filipe chegou a dizer: "Jesus, mostra-nos o Pai e isso nos basta!" Jesus respondeu: "Filipe, há tanto tempo que estou convosco e ainda não me conheceste! Quem vê a mim, vê o Pai!" (Jo 14,9). O Pai era tudo para Jesus. Ele dizia: "Nunca estou só. O Pai, que me enviou, está sempre comigo" (Jo 8,16). "Eu faço a cada momento o que o Pai me mostra para fazer!"(Jo 5,30). Essas e muitas outras frases são como janelas que nos permitem olhar para dentro de nosso ser e nos interrogar e a espelhar a prática de Jesus.

Pelo jeito de ser e de viver, Jesus revelava a imagem de Deus e fazia com que ele se tornasse a Boa Notícia para a vida humana, sobretudo para os pobres. Pelo modo de acolher as pessoas e de revelar a todos o seu grande amor, Jesus era o rosto visível de Deus. Na família, junto com seus pais, ele alimentava sua fé na Sagrada Escritura. Rezava muito. Rezava sobretudo os salmos, fonte da sua experiência com Deus.

Recordar – O que nossa vida está dizendo?
- Você conhece pessoas que se assemelham a seus pais pelas suas características físicas e seu modo de pensar?

Canto de aclamação ao Evangelho
Encenar o texto Jo 14,8-14 e lê-lo em seguida.
- O que o texto está falando?
- O que Filipe disse a Jesus?
- O que Jesus respondeu?
- Qual foi a afirmativa de Jesus perante as necessidades das pessoas?

Meditar – O que o texto diz para mim?
- Filipe, no diálogo com Jesus convida-me a conhecer Deus Pai por intermédio de Jesus. Os encontros de catequese querem ajudar-me a encontrar em Deus o amigo fiel que me ajuda a assumir as responsabilidades da minha idade, no convívio, no estudo e no lazer.
- Vou considerar a frase que ouvi "Quem vê a mim, vê o Pai!" e criar o desejo de seguir a prática de Jesus, consciente de que, seguindo seus ensinamentos, agrado o Pai.

Rezar – O que o texto me faz dizer a Deus?
- Momento de silêncio. Vou apresentar a Deus a necessidade que tenho de conhecê-lo e segui-lo.

Oração: Jesus Mestre, que disseste: "Quem vê a mim, vê o Pai!" (Jo 14,9), derrama sobre nós a abundância do Espírito Santo! Que ele nos ilumine, guie e fortaleça nossa fé no conhecimento e seguimento de Jesus Cristo, porque tu és o único caminho para o Pai. Faze-nos crescer no teu amor, para que sejamos, como o apóstolo Paulo, testemunhas vivas do teu Evangelho. Com Maria, tua Mãe e nossa Mãe e Mestra, guardaremos tua Palavra, meditando-a no coração. Jesus, revelação do rosto do Pai, tem piedade de nós!

Contemplar – Olhar a vida como Deus olha
- Observar Jesus que, durante toda a sua vida, passou fazendo o bem.
- Como discípulo de Jesus, o que fazer para que, nesse estágio de vida em que me encontro, eu consiga ser motivo de perdão, esperança e alegria?

Perceba!
- Vou considerar que, pelo rosto de Cristo, podemos contemplar o rosto do Pai. O que isso significa? Que Jesus reflete perfeitamente as qualidades e características do Pai.
- Aproximar-se do modelo de Jesus é enxergar o próprio Deus Pai!
- O desafio que a todo instante se apresenta diante de nós é enxergar Cristo na pessoa do próximo.

Compromisso – O que a Palavra de Deus me leva a fazer?
- No blogue do grupo de catequese, divulgar a prática de Jesus. Para isso, fazer uso da mensagem contida no Evangelho, com o cuidado de usar poucas palavras, mas bem selecionadas.

O que eu penso agora?
- Poderia eu também afirmar que as ações que pratico revelam que acolhi a mensagem de que Deus está comigo e é um bom Pai?
- Como posso fazer do uso da tecnologia e da *internet* um caminho para imitar Jesus?

15º Encontro

Jesus mostra o Reino de Deus por meio de parábolas
"...não semeaste boa semente em teu campo?" (Mt 14,27)

Fique ligado! Jesus, quando queria ensinar, usava parábolas. O que é uma parábola evangélica? É uma pequena narrativa ligada à realidade, usada por Jesus para apresentar seus ensinamentos de forma simples, inteligível para todos. O ponto central das parábolas é o Reino de Deus. Jesus ensinou várias verdades por meio de parábolas, para facilitar o entendimento daqueles que o ouviam. As parábolas que Jesus contava eram sempre tiradas do contexto cultural e social em que ele vivia, contadas com o propósito de transmitir verdades espirituais. Em diversas parábolas, como a do trigo e o joio e do grão de mostarda, Jesus fala do Reino. Em todas elas deixa transparecer que o Reino acontece quando a humanidade passa pela vida em plenitude, sonhada por Deus.

Parábola do trigo e do joio: O conteúdo pode ser encontrado em sua íntegra em http://www.ufjf.br/revistaveredas/files/2010/04/artigo-12.pdf>

Recordar – O que nossa vida está dizendo?
- Quem conhece o grão de trigo? E o joio?
- Que prejuízo o joio causa num trigal?
- Que limites existem em nossa comunidade que podemos comparar ao joio?

> **Perceba!**
> É preciso entrar no Reino, isto é, tornar-se discípulos de Cristo para "conhecer os mistérios do Reino dos Céus" (Mt 13,11). Para os que ficam "de fora" (Mc 4,11), tudo permanece enigmático.
> Disponível em: http://catecismo-az.tripod.com/conteudo/a-z/p/parabola.html
> www.youtube.com/watch?v=1d-LGoFEGlE
> Acesso em 30/06/2012.

Escutar – O que o texto está dizendo?

Dois catequizandos apresentam a Bíblia e todos a aclamam com um canto (a escolher).
Ler Mt 13,24-32
- Em seguida, um catequizando proclama a leitura do texto, acompanhada por todos na Bíblia.
- O que o texto está narrando?
- Quais são as personagens do texto?
- A que Jesus compara o Reino do Céu?

Meditar – O que o texto diz para mim?

- O texto do joio e do trigo lembra a importância de espalhar e cultivar o bem, a boa semente, apesar do inimigo que sempre planta o mal, nessa parábola simbolizado pelo joio. A partir do texto, meu novo olhar coincide com a atitude de Jesus de espalhar o bem em todos os ambientes onde me encontro?

Rezar – O que o texto me faz dizer a Deus?

- Quero contar com a graça de Deus em minha vida e dizer:

Senhor Jesus, tu és a Palavra eterna do Pai. Passa pelo mar revolto da minha vida, da minha casa, da minha família, da minha escola. Toca meu coração, tantas vezes insensível aos teus apelos de despojamento, de seguimento e de mudança de vida. Ensina-me a ser mais obediente à tua palavra, que opera milagres, que opera transformações. Ajuda-me a sair do desânimo, do cansaço, do tédio, da mesmice. Dá-me o dom da criatividade, da ousadia, da coragem, da luta e da capacidade de enfrentar as adversidades da vida, para que eu me torne semeador da tua palavra. Amém!

Contemplar – Olhar a vida como Deus olha

- Considerando a mensagem do texto, o que é possível fazer para crescer nas virtudes cristãs que se comparam ao trigo?

Compromisso – O que a Palavra de Deus me leva a fazer?

- Pesquise na Bíblia, em Lc 15, as parábolas lá contidas. A seguir, procure elaborar a sua própria parábola à procura de animar os ouvintes a acolherem mais de perto o desafio do Reino de Deus! Como Jesus, use linguagem próxima da realidade daqueles com quem você conversar. Seja simples e claro. Poste a sua parábola no blogue do grupo de catequese.

> **O que eu penso agora?**
> Depois de todas as considerações construídas neste encontro, o que penso?
> - O que aprendemos neste encontro sobre o modo de Jesus ensinar?
> - Por que é importante conhecer bem as parábolas bíblicas?

16º Encontro

Jesus, fundamento da vida cristã
"Construir a casa sobre a rocha"(cf. Mt 7,25)

Fique ligado! Em qualquer construção é importante que os alicerces sejam bem firmes para garantir a fortaleza da casa e a segurança dos que a vão habitar. Para isso, os construtores devem cavar até encontrar rocha, para então firmar bem os alicerces. Jesus usou uma parábola para mostrar a importância de ouvir a Palavra de Deus e colocá-la em prática. Falou-nos da construção de uma casa edificada sobre a areia e de outra construída sobre a rocha (cf. Mt 7,24). Construir nossa casa sobre a rocha, significa construirmos nossa segurança, nosso bem-estar sobre algo sólido como a rocha, ou seja, sobre os valores de Jesus Cristo.

A pessoa que, nas provações da fé, nas dificuldades da vida, na sincera escuta à vontade de Deus, procura viver a sua vida cristã com autenticidade, é comparada por Jesus a uma casa construída sobre a rocha. Ela resiste aos ventos, às tempestades e a outras intempéries. Ao contrário, quem não vive a Palavra de Deus é como a casa construída sobre a areia. Qualquer vento, a casa cai. Na vida do cristão, a rocha sobre a qual cada um edifica sua vida e sua história é Jesus Cristo.

Recordar – O que nossa vida está dizendo?
- Relembre os estragos e a destruição de um furacão ou um terremoto.
- Relembre uma construção da antiguidade (pirâmide, castelo...) que tenha perdurado durante os séculos e chegado até nossos dias.

Escutar – O que o texto está dizendo?
Canto para aclamar o Evangelho
Ler Mt 7, 24-27
- Quem está falando no texto?
- O que acontece com a casa construída sobre a rocha e com aquela construída sobre a areia?
- Com quem Jesus compara aquele que escuta sua palavra e a põe em prática?

Meditar – O que o texto diz para mim?
- Jesus nos ensina que devemos construir nossas vidas sobre princípios sólidos e não sobre as correntes de pensamento da moda ou sobre sentimentos e emoções. O que significa para mim essa rocha de que Jesus fala?
- As tempestades e os vendavais que a parábola apresenta me alertam para que eu me torne rocha firme nas dificuldades. Por isso é necessário agarrar-me a Deus, para superar as dificuldades.
- O significa para mim esta "vida com Cristo"?

Rezar – O que o texto me faz dizer a Deus?
- Sob uma música suave, vou motivar-me ao diálogo com Deus, propor-me a ouvi-lo, conhecê-lo e segui-lo.
- Desligar a música e rezar o refrão no início e no fim da oração.

Eu me entrego, Senhor, em tuas mãos e espero pela tua salvação!

Senhor, sê para mim um rochedo firme e forte, uma muralha que sempre me proteja;
Por tua honra, Senhor, vem conduzir-me, vem desatar-me, és minha fortaleza.

De minha parte, Senhor, em ti confio, tu és meu Deus, meu destino em tuas mãos;
Vem libertar-me de quantos me perseguem, por teu amor faz brilhar tua salvação.

Glória a Deus Pai porque tanto nos amou, glória a Jesus, que se deu por nosso bem; Glória ao Divino, que é fonte deste amor, nós damos glória agora e sempre. Amém!

Oração: Ensina-me, ó Pai, a construir a minha vida de fé sobre a rocha firme, Jesus Cristo. Sei que tempestades virão para me desviar do caminho do seguimento de Jesus. Confio em ti, Deus da vida! Com a tua luz, força e graça, a minha fé vai permanecer firme diante das dificuldades e sofrimentos de que posso ser atingido. Deus Pai, peço, por intermédio de Jesus e na unidade do Espírito Santo, a força de sempre colocar Jesus como fundamento de minha vida. Amém!

Contemplar – Olhar a vida como Deus olha

- Vou observar os objetos dispostos no centro da sala e a frase: "Quem ouve minhas palavras e as põe em prática, é como aquele que constrói a casa sobre a rocha" (Mt 7,24) e louvar a Deus na mensagem que os objetos – pedra, areia, cimento e brita – me transmitem.

> **Perceba!**
> Na vida do cristão, a rocha sobre a qual cada um edifica sua vida e sua história é Jesus Cristo. O apóstolo Paulo escreve aos Coríntios: "Ninguém pode colocar um alicerce diferente daquele que já foi posto, Jesus Cristo" (1Cor 3,11). Portanto, Jesus é a rocha, o fundamento que dá segurança, sustentabilidade à vida de todo cristão. Para que nossa vida seja construída sobre a rocha de "Jesus Cristo" é necessário: escutar, conhecer, seguir.

Compromisso – O que o texto me leva a fazer?

- Vou escolher uma das palavras que constam no marcador de página distribuído no início do encontro e elaborar uma reflexão com a inspiração que ela me evoca.
- O catequista abraça cada catequizando e diz: "Vai em paz e construa tua vida sobre a rocha firme".

17º Encontro

Os mandamentos: caminho para seguir Jesus
"Se me amais, observareis meus mandamentos"(Jo 14,15)

Fique ligado! Os dez mandamentos revelam grandes valores da vida humana, defendem os direitos e os deveres básicos das pessoas, dos grupos e dos povos. Eles existem para nos proteger e facilitar a vida de todos. São caminhos que nos conduzem à felicidade. O desejo de ser feliz está no coração de todos. No Evangelho, encontramos um jovem que procurou Jesus com o desejo de ser bom. Jesus então o convida a entrar no caminho da perfeição: "Se você quer ser perfeito, vá, venda tudo o que tem, dê o dinheiro aos pobres, e terás um tesouro no céu. Depois, vem e segue-me" (Mt 19,21). Para o jovem, naquele momento, vender os bens e dar o dinheiro aos pobres se tornou um projeto difícil. Todavia, é um projeto de vida possível. Temos exemplos de muitos cristãos santos que se desapegaram de tudo o que os afastava de Deus e os impedia de servir aos irmãos. Morreram fazendo o bem. Jesus deu nova dimensão aos mandamentos quando proclamou as bem-aventuranças. Seguir Jesus é pôr em prática as bem-aventuranças proclamadas no sermão da montanha (Mt 5,7). Este sermão orienta aos mandamentos e os ultrapassa (Mt 5,20-48). Jesus mostra, assim, que os mandamentos estão abertos e orientados para as bem-aventuranças. Essas são indicações para todos aqueles que aspiram ter uma verdadeira vida feliz.

Os Mandamentos da Lei de Deus

1º Amar a Deus sobre todas as coisas.
2º Não invocar o nome de Deus em vão.
3º Santificar os domingos e festas de guarda.
4º Honrar pai e mãe (e outros legítimos superiores).
5º Não matar (nem causar outro dano, no corpo ou na alma, a si mesmo ou ao próximo).
6º Guardar a castidade nas palavras e nas obras.
7º Não roubar(nem injustamente reter ou danificar os bens do próximo).
8º Não levantarás falso testemunho (nem de qualquer outro modo faltar à verdade ou difamar o próximo).
9º Guardar a castidade nos pensamentos e nos desejos.
10º Não cobiçarás as coisas alheias.

Recordar – O que a nossa vida está dizendo?

- O desejo de ser feliz está no coração de todo ser humano. Em que valores vocês se apoiam para encontrar a felicidade?
- Segundo os meios de comunicação, onde as pessoas encontram a felicidade?

Escutar – O que o texto está dizendo?

Canto de aclamação ao Evangelho, com mensagem de acolhida.
Encenar Mt 19,16-21

1. Narrador
2. Jovem rico
3. Jesus

1. Quando Jesus retornou do seu caminho, um homem veio correndo e se aproximou. Parou diante de Jesus e perguntou:

2. – Bom mestre, que devo fazer para alcançar a vida eterna?
3. – Por que me chama de bom? Ninguém é bom, senão Deus. Somente Deus é bom e ninguém mais. Se, porém, você quiser entrar na vida eterna, guarde os mandamentos.
2. – Quais mandamentos?
3. – Você conhece os mandamentos: Não matar, não cometer adultério, não roubar, honrar seu pai e sua mãe e amar o próximo como a si mesmo.
2. – Mestre, tudo isso eu tenho guardado desde a minha juventude. Que me falta ainda?
1. Jesus fitou o jovem e disse:
3. – Se você quer ser perfeito, uma coisa lhe falta: vá, venda tudo o que tem e dê aos pobres. Você terá um tesouro no céu! Depois, vem e siga-me.

Em seguida ler novamente o texto. O que diz o texto?
O que o jovem perguntou a Jesus?
Qual foi a resposta de Jesus ao jovem?
Qual o desafio que Jesus lançou ao jovem?

Meditar – O que o texto diz para mim?

- Vou colocar-me no lugar do jovem rico e perguntar: Senhor, o que devo fazer para situar a minha vida e ser feliz? Em pequenas equipes, meditar sobre uma das frases que ornamentam a sala. Em seguida, partilhar no grupo.

> **Perceba!**
> Esse jovem rico aparece anonimamente no Evangelho. Nele, podemos reconhecer todos nós que, de um modo ou de outro, nos aproximamos de Cristo para alcançar a Vida Plena. Este é o desejo profundo de todo ser humano: a vida que produz verdadeira liberdade. Essa pergunta é também um chamado a fazermos o bem e nos colocarmos nas mãos de Deus, reconhecendo nossa dependência do Sagrado para termos plenitude.

Rezar – o que o texto me faz dizer a Deus?

- Procure acalmar-se e fazer silêncio interior. Sinta-se na presença de Deus, fale de suas inquietações para segui-lo e ser feliz.
- Com o auxílio de sua Bíblia, reze o Salmo 119,7-16.
- Convidar os catequizandos para que espontaneamente cada um expresse algo que o impede de ser feliz. A cada três manifestações, cantar ou falar:

Todos: Deus não quer isso!
ou
Senhor, tende piedade de nós!
Recitar juntos os dez mandamentos.

Contemplar – Olhar a vida como Deus olha

- Visualize sua vida e perceba quais as interpelações que Deus lhe faz para segui-lo e ser feliz.

Compromisso – O que a Palavra de Deus me leva a fazer?

- Dedique-se, nesta semana, à leitura de Ex 20,2-17, onde está o relato dos 10 mandamentos.
- Leia também Dt 5,6-21, onde você encontra outra forma de apresentar os mandamentos.

> **O que eu penso agora?**
> Depois de todas as considerações construídas neste encontro, o que penso?
> - Como responder à confiança que Deus deposita em mim?
> - Posso permitir-me fazer parte de um grupo preparado por Deus?
> - O que posso, pessoalmente, fazer para este grupo ter a bênção de Deus?

18º Encontro

As bem-aventuranças
"Alegrai-vos e regozijai-vos, porque será grande vossa recompensa no céu" (Mt 5,12)

Fique ligado! As bem-aventuranças formam um programa de vida para trazer felicidade àqueles que se propõem a conhecer e seguir Jesus. Elas constituem um fundamento no qual deve sustentar-se a vida cristã. As bem-aventuranças são caminhos de realização humana, um caminho da felicidade para o qual o homem foi criado. Elas anunciam a felicidade porque

1. a) Felizes os pobres em espírito,
   b) porque deles é o Reino dos céus!
2. a) Felizes os mansos,
   b) porque herdarão a terra.
3. a) Felizes os aflitos,
   b) porque serão consolados.
4. a) Felizes os que têm fome e sede de justiça,
   b) porque serão saciados.
5. a) Felizes os misericordiosos,
   b) porque obterão misericórdia.
6. a) Felizes os de coração puro,
   b) porque verão a Deus.
7. a) Felizes os promotores da paz,
   b) porque serão filhos de Deus.
8. a) Felizes os perseguidos por causa da justiça,
   b) porque deles é o Reino dos Céus.
9. a) Felizes sois quando vos injuriarem, perseguirem e mentirem, dizendo todo o mal contra vós por minha causa,
   b) porque grande é a vossa recompensa.

proclamam a libertação e não o conformismo ou a alienação. As bem-aventuranças (Mt 5,1-12) são o Código da Nova Aliança; assim como os Mandamentos, o Código da Antiga Aliança (Ex 20,1-1). Na primeira Aliança (os dez mandamentos), Moisés subiu ao Monte e recebeu do Senhor o Decálogo, isto é, os dez mandamentos. Na segunda, Jesus subiu ao Monte e entregou aos discípulos as nove bem-aventuranças. Com a iluminação do Espírito Santo, e os ensinamentos da Igreja, muitos fiéis praticam as bem-aventuranças e fazem de Jesus sua vida e sua regra de vida.

Recordar – O que nossa vida está dizendo?
- Como podemos conquistar a felicidade, a vida eterna?
- As bem-aventuranças foram chamadas o resumo do plano de Deus para a humanidade. Para sua vida, que pontos relevantes contidos nas bem-aventuranças podem indicar a felicidade?

Escutar – O que o texto está dizendo?
Canto para aclamar o Evangelho
Ler Mt 5,1-12
- O que o texto diz?
- O que Jesus vê e aonde foi?
- O que Jesus disse e ensinou à multidão?

Meditar – O que o texto diz para mim?
- As bem-aventuranças são 9 ensinamentos que, de acordo com o Novo Testamento, Jesus proferiu no sermão da Montanha.
- As bem-aventuranças são propostas de felicidade oferecidas por Deus. Um programa de vida, de ensinamento proposto por Jesus – atitudes e deveres que os cristãos são convidados a assumir.
  - O que vou fazer para viver as bem-aventuranças?
- Como posso ser pobre de espírito, misericordioso, puro de coração, construtor da paz, experimentar a felicidade na vida e a alegria em comunhão com Deus?

Rezar – O que o texto me faz dizer a Deus?
- Em silêncio, analisar uma bem-aventurança e propor-se a colocá-la em prática.
Momento de silêncio.

Todos: Felizes as pessoas que sabem que são espiritualmente pobres, pois o Reino do Céu é delas.
Felizes as pessoas que choram, pois Deus as consolará.
Felizes as pessoas humildes, pois receberão o que Deus tem prometido.
Felizes as pessoas que têm fome e sede de fazer a vontade de Deus, pois ele as deixará completamente satisfeitas.
Felizes as pessoas que têm misericórdia dos outros, pois Deus terá misericórdia delas.
Felizes as pessoas que têm o coração puro, pois elas verão a Deus.
Felizes as pessoas que trabalham pela paz, pois Deus as tratará como seus filhos.
Felizes as pessoas que sofrem perseguições por fazerem a vontade de Deus, pois o Reino do Céu é delas.
Felizes são vocês quando os insultam, perseguem e dizem todo tipo de calúnia contra vocês por serem meus seguidores. Fiquem alegres e felizes, pois uma grande recompensa está guardada no céu para vocês. Porque foi assim mesmo que perseguiram os profetas que viveram antes de vocês.

Contemplar – Olhar a vida como Deus olha

- Sob um novo olhar, a partir da Palavra, vou colocar-me nas mãos de Deus e contemplar Jesus, proclamando as bem-aventuranças.
- Vou repetir as bem-aventuranças e contemplar a manifestação de Jesus no cumprimento da vontade do Pai.

> **Perceba!**
> As bem-aventuranças estão no cerne da pregação de Jesus. Seu anúncio retoma as promessas feitas ao povo eleito desde Abraão. "Bem-aventurado" quer dizer "feliz" e buscar a vontade de Deus é ser bem-aventurado. Jesus, revelando as bem-aventuranças aos discípulos e a todo povo de Deus, quis com isso manifestar a vontade do Pai.

Compromisso – O que a Palavra de Deus me leva a fazer?

- Inspirado pela bem-aventurança que considerei mais significativa, vou elaborar uma frase, para partilhar com meu grupo de catequese no próximo encontro e colocá-la no blogue.
- Vou incentivar outras pessoas a ler os *sites* que aprofundam o tema sobre as bem-aventuranças.

> **O que eu penso agora?**
> Depois de todas as considerações construídas neste encontro, o que penso?
> - Como as bem-aventuranças interferem no meu modo de assumir minha vida com Deus, ver e transformar o mundo?
> - Qual a bem-aventurança que mais me cativa? Por quê?

Jesus chama colaboradores
"Segue-me" (cf. Mc 3,14)

Fique ligado! Hoje, Jesus convoca colaboradores para continuar a missão de evangelizar. Quando Jesus iniciou sua missão, chamou doze pessoas para acompanhá-lo: os doze apóstolos, mensageiros da Boa-nova de Jesus, enviados por ele para proclamar a salvação. Os apóstolos formaram o primeiro grupo de cristãos para continuar a missão de Jesus. Todos nós, pelo batismo, somos chamados a conhecer, seguir e anunciar Jesus, para continuar sua mensagem. Após sua ressurreição e ascensão, Jesus enviou os discípulos ao mundo para que fossem testemunhas de tudo o que disse e ensinou. O discípulo é um constante aprendiz e seguidor de Jesus. Apóstolo é alguém enviado para uma missão especial a serviço do Reino. Os apóstolos seguiram Jesus, aprenderam com ele e dele receberam treinamento. O que os unia era a grande admiração por Jesus. Jesus confiava no grupo e era amigo de cada um. Jesus queria o bem do povo – justiça, perdão, fraternidade, respeito, igualdade e que todas as pessoas pudessem ter as condições necessárias para viver dignamente. Jesus tinha um programa abalizado de vida e desse programa chamou os apóstolos para que dessem continuidade à sua missão. Seguindo o chamado de Jesus, os após-

> Os doze apóstolos:
> Quem eram os apóstolos?
> Como se chamavam? Disponível em: http://www.npdbrasil.com.br/religiao/os_doze_apostolos.htm .

tolos aprenderam a prática das bem-aventuranças, o estilo de vida do próprio Jesus: seu amor e obediência filial ao Pai, sua compaixão pela dor humana, pelos pobres, pelos pequenos, bem como sua fidelidade à missão, seu grande amor até a doação mesma de sua vida pela humanidade. Ser sensível ao chamado de Deus é uma atitude de fé diante da vida, um modo de viver, de sentir, em nosso coração, a urgência dos tempos e um profundo clamor no testemunho de sua Palavra. Isso nos convida à oração, ao estudo da Palavra de Deus, à adesão à Igreja e à participação no mistério da Eucaristia.

> **Lc 4,18-21**
> **(Programa de vida de Jesus)**
> Em Isaías encontramos: "O Espírito do Senhor está sobre mim porque ele me consagrou para anunciar a Boa Notícia aos pobres; enviou-me para proclamar a libertação aos presos, e aos cegos a recuperação da vista; para libertar os oprimidos (...)

Recordar – O que nossa vida está dizendo?
- Sem facilidades tecnológicas: *facebook*, *twitter*, blogue e outras tantas ferramentas, como se propagou e chegou até os nossos dias a pregação de Jesus?

Escutar – O que o texto está dizendo?
Canto para aclamar a Palavra
Ler Mc 3,13-19
- O que o texto está narrando?
- Aonde foi Jesus e o que fez?
- Qual o nome dos escolhidos?

Meditar – O que o texto diz para mim?
- Ao considerar o texto, consigo ver-me como pessoa amada e escolhida por Deus para evangelizar?
- Como posso evangelizar?
- O que fazer se no meu coração o desejo de evangelizar for pequeno?

Rezar – O que o texto me faz dizer a Deus?
- Vou agradecer a Deus porque me chama e me convoca à evangelização.
- Momento de silêncio.

Oração: Deus da vida, agradeço-te porque ouço o chamado para ser teu discípulo e anunciar o teu Reino. Ajuda-me a desejar ouvir a tua voz chamando o meu nome. Quero ser fiel a esse chamado e um constante aprendiz. Quero ser seguidor de Jesus e preparar-me para exercer com fidelidade a missão como membro ativo da Igreja neste mundo. Por Cristo, nosso Senhor. Amém!

Contemplar – Olhar a vida como Deus olha
- Em atitude de contemplação vou colocar-me nas mãos de Deus, sentir-me um aprendiz encorajado no seguimento de Jesus e testemunhá-lo. Vou evidenciar esse propósito no meu cotidiano.

Compromisso – O que a Palavra de Deus me leva a fazer?

- Durante a semana, na medida do possível, vou enviar para um parente ou amigo uma mensagem por *e-mail*, *facebook*, *instagram* ou *twitter*, para que essa pessoa perceba que pode ser um evangelizadora.
- Pesquise na internet a origem dos nomes dos apóstolos de Jesus. Disponível em: http://www.domhenrique.com.br (Acesso em: 4 de jun. de 2012).

O que eu penso agora?
Depois de todas as considerações construídas neste encontro, o que penso?
- Como posso conhecer Deus e amá-lo?
- Qual a importância, para mim, de conhecer e seguir o convite de Jesus?

Mediante o que você ouviu, leu e pesquisou, elabore uma síntese do conceito de "Reino de Deus", aplicando-o à sua própria vida. Traga sua produção para o próximo encontro, a fim de socializá-la no grupo.

20º Encontro

Jesus promete o Espírito Santo
"Ele dará a vocês o Espírito da verdade"(Jo 14,15-17)

Fique ligado! O Espírito Santo santifica e consagra os discípulos, para continuar a missão de Jesus. A fé no Espírito Santo mantém viva a mensagem de Jesus, na mente e no coração dos discípulos. Quando Jesus nos fala do Espírito Santo, ele o apresenta como nosso advogado, defensor, intercessor, mestre que ensina a verdade. O Espírito Santo é o guia que nos orienta e nos anima no fiel cumprimento da vontade do Pai. Fazendo uma analogia, poderíamos dizer que ele age como "bússola", instrumento de orientação para os navegantes, indicando o rumo, o norte, o sentido da nossa vida, do nosso trabalho e da nossa missão. Com sua paixão, morte e ressurreição, Jesus conquistou o dom do Espírito para todos nós. Com o batismo todos nós recebemos este mesmo Espírito de Jesus (Jo 1,33). Quando, após a ressurreição, apareceu aos discípulos, soprou sobre eles e disse: "Recebei o Espírito Santo!" (Jo 20,22). O Espírito nos torna conscientes da presença pessoal de Jesus, da entrega de sua vida, da sua ressurreição, do seu amor, sua bênção, ajuda, perdão. Ele é o nosso advogado ou protetor e mestre da verdade.

Recordar – O que nossa vida está dizendo?
• Em sua comunidade há pessoas que dedicam parte do seu tempo em benefício de todos? Quem as anima a fazer isto?

Escutar – O que texto está dizendo?
Canto para aclamar o Evangelho
Ler Jo 14,15-17
- O que diz o texto?
- Quem está falando com os discípulos?
- O que Jesus fala referente ao Espírito Santo?

Meditar – O que o texto diz para mim?
- Vou avaliar minha conduta e perceber que o Espírito Santo é a Verdade, ensina a Verdade, concede a paz, faz passar do egoísmo à gratuidade, do acolhimento à coragem para anunciar Jesus Cristo.
- É o Espírito Santo que nos leva a fazer a experiência do amor de Deus, experiência que encanta e exige opção. Ele nos liberta de todo o mal e concede-nos força para realizar o bem e anunciar Jesus.

> **Perceba!**
> Mediante a inspiração do texto é o momento de responder:
> 1- O que fazer para que o Espírito Santo permaneça comigo, me dê força para uma efetiva participação na vida da comunidade?
> 2 - Como ter a presença do Espírito Santo em mim?

Rezar – O que o texto me faz dizer a Deus?
- Em silêncio, vou invocar o Espírito Santo para que eu assimile o ensino da Igreja e o caminho por Jesus anunciado.

  Vinde Espírito Santo, enchei os corações dos vossos fiéis e acendei neles o fogo do vosso amor. Enviai o vosso Espírito e tudo será criado e renovareis a face da terra. Oremos: ó Deus, que instruístes os corações dos vossos fiéis com a luz do Espírito Santo, fazei que apreciemos retamente todas as coisas segundo o mesmo Espírito e gozemos sempre da sua consolação. Por Cristo Senhor nosso. Amém!

Contemplar – Olhar a vida como Deus olha
- Vou colocar-me nas mãos de Deus e acolher o Espírito Santo, para que ele me coloque na condição de discípulo atento aos ensinamentos de Jesus e deles acolhedor.

Compromisso – O que a Palavra de Deus me leva a fazer?
- Depois de todas essas considerações que o texto me traz, como posso avivar em mim e na comunidade a memória de Jesus, ajudar a manter seus ensinamentos em qualquer ambiente onde eu estiver? No blogue do seu grupo de catequese, não deixe de postar um incentivo à familiaridade com o Espírito Santo. Se possível, divulgue isso também em sua página do *facebook* e de outras maneiras. Seja criativo!
- Uma possibilidade talvez seja postar um vídeo de uma música que louve a presença do Espírito Santo na vida dos cristãos. Disponível em:
  - http://www.youtube.com/watch?v=RzSKmNFacLA
  - http://www.youtube.com/watch?v=brca9zScaXg&feature=fvst
  - http://www.youtube.com/watch?v=TN_Ed9G1EXI> Acesso em 30 de junho de 2012.

21º Encontro

Jesus amou até o fim
Jesus continuou até o fim a exercer o ministério do perdão

Fique ligado! Solidário com seu povo, Jesus amou até o fim (Jo 13,11). A morte de Jesus é o acontecimento redentor, salvador, revelador do grande amor de Deus pela humanidade. Jesus viveu intensamente sua missão: anunciou a Boa Notícia do Reino aos pobres, curou doentes, numa sociedade em que a doença era considerada consequência do pecado, abrandou o coração das pessoas, comunicou o amor misericordioso do Pai e libertou os oprimidos da opressão das leis vigentes. Durante o tempo da sua missão, Jesus questionou as estruturas que oprimiam as pessoas, perdoou aos pecadores, devolveu a dignidade aos oprimidos, despertou entusiasmo e esperança, principalmente para os excluídos. Por isso, as multidões o seguiam e, à medida que encantava as multidões com sua mensagem, crescia a oposição que as autoridades religiosas da época lhe faziam. Jesus sofreu resistência à sua mensagem, sofreu inveja, críticas, julgamentos injustos. As atitudes de Jesus entusiasmavam as multidões, mas também geravam confrontos, que resultaram em perseguição e desejo de morte para Jesus.

A cruz, até então considerada instrumento de humilhação e vergonha, passa a ser a revelação do amor de Deus, que ama, consola e nos dá a certeza de que todo o sofrimento tem sentido no sofrimento amoroso de Jesus. Pela morte de Jesus, a cruz tornou-se símbolo de vida e ressurreição.

Recordar – O que nossa vida está dizendo?
- Que pessoas na sua comunidade são conhecidas pelos seus atos de amor e doação a favor do próximo?

Escutar – O que o texto está dizendo?
Canto para aclamar o Evangelho
Ler Lc 23,33-47
- Que personagens aparecem no texto?
- O que fizeram com Jesus quando chegaram ao Calvário?
- O que ocorreu nos últimos momentos na cruz?
- O que Jesus responde?
- Quais foram as últimas palavras de Jesus?
- Qual foi o comentário do centurião romano?

Meditar – O que o texto diz para mim?
- Vou reler o texto e perceber que provocações me são feitas e em quais situações vou responder a tais desafios.

Rezar – O que o texto me faz dizer a Deus?
- Rezar individualmente: Altíssimo, glorioso Deus, ilumina as trevas de meu coração, dá-me uma fé firme, uma esperança certa e caridade perfeita, sensibilidade e conhecimento, a fim de que eu siga os ensinamentos do teu Filho, nosso Senhor. Amém!
- Salmo 50 (situar na Bíblia e rezar em dois coros)

> **Perceba!**
> Jesus, como homem aqui na terra, personificou o amor de Deus em uma vida de serviço e pregação do Reino. "Tendo amado os seus que estavam no mundo, amou-os até o fim" (Jo 15,1). Como não amar alguém que nos ama com tanta grandeza?

Contemplar – Olhar a vida como Deus olha
- Vou contemplar o amor e a fidelidade de Jesus. Ele está comigo, o Senhor é quem cuida de mim. Quero andar na presença de Deus.

Compromisso – O que a Palavra de Deus me leva a fazer?
- Use sua habilidade para tecer uma rede de pessoas amigas (o catequista, colegas de aula e de catequese) que se interessem a buscar e incentivar outras pessoas a rezar com a Bíblia com o método da Leitura Orante. Incentive para, nesse período litúrgico, rezar os textos bíblicos: Lc 23,33-47; Mt 27,1-25; Mc 15,1-20; Jo 19,1-18.
Podemos utilizar essa ideia para registrar no blogue do grupo?

> **O que eu penso agora?**
> - O que significa para mim a morte de Jesus na cruz?
> - Qual meu comprometimento diante de todo o sofrimento de Jesus?

Lembrete: Trazer uma pequena vela para o próximo encontro.

22º Encontro

Jesus me convida a ressuscitar com ele
"Encontraram a pedra do túmulo removida, mas não encontraram o corpo do Senhor Jesus" (Jo 24,2)

Fique ligado! Todos os evangelistas falam que o túmulo onde sepultaram Jesus foi encontrado vazio e que o corpo de Jesus já não estava nele. A ressurreição de Jesus é o centro da nossa fé e o fundamento da nossa esperança. A ressurreição é a garantia de que em Jesus alcançamos a vida plena e com ele somos vencedores de todo o mal. A ressurreição de Jesus é confirmada pelas mulheres que foram ao sepulcro na madrugada do domingo. Dois homens com roupas resplandecentes lembram a elas que não faz sentido procurar Jesus entre os mortos, porque ele está vivo, e pedem que se lembrem de tudo o que Jesus falou. "É preciso que o Filho do Homem seja entregue nas mãos dos pecadores, seja crucificado, e ressuscite ao terceiro dia" (Lc 24,7). Os discípulos, os apóstolos e tantos mártires da história da Igreja confirmaram a ressurreição de Jesus, testemunhando com a própria vida que Jesus está vivo e atuante na vida de cada pessoa. Hoje essa mensagem chega a todas as pessoas, pela missão de todos os batizados. Por isso, todos somos convidados a viver a missão de testemunhar Jesus como Deus vivo e ressuscitar com ele. A ressurreição é motivo de alegria, de esperança, certeza de vida para sempre com Deus.

Recordar – O que nossa vida está dizendo?
- Você conhece jovens na comunidade que se libertaram de drogas e de outros vícios?
- Que tipo de ressurreição podemos provocar em nossa vida no cotidiano?

Escutar – O que o texto está dizendo?

Canto para aclamar o Evangelho
Ler Lc 24,1-12
- O que fizeram as mulheres no primeiro dia da semana e o que levavam?
- Ao se aproximarem do túmulo, o que encontraram e o que sentiram?
- O que os homens vestidos de branco disseram?
- O que elas fizeram então?
- O que fez Pedro?

Meditar – O que o texto diz para mim?

- À luz do texto, percebo que nosso Senhor é fonte de esperança para todos os que depositam nele sua fé. Ele nos faz participantes de sua vida a tal ponto que no fim da nossa caminhada terrena nos espera a vida eterna na plenitude de Deus. Jesus ressuscitado é fonte de esperança. Ele nos faz participante de sua vida sem fim, "nos chama das trevas para a sua luz maravilhosa"(1Pd 2,9). O Espírito de Jesus ressuscitado vive e age no mundo.

Rezar – O que o texto me faz dizer a Deus?

- O catequista convida os catequizandos a se colocarem ao redor da mesa. Solicita a um catequizando para apresentar ao grupo o círio aceso.

  Com o círio aceso rezar: A luz de Jesus Cristo ressuscitado brilhe em nossa vida e nos liberte de toda a escuridão do mal.
- **Todos:** Exultemos de alegria! Jesus está vivo e nos convida a ressuscitar com ele.

  Acender a vela no círio, rezar, agradecer e louvar a Deus pela ressurreição de Jesus. Ele é a ressurreição e a vida e nos convida a ressuscitar com Ele para viver a alegria, a ternura, a generosidade, a sinceridade, a obediência, a partilha e o amor aos irmãos.

Oração: Senhor, luz e força de nossa vida, faze com que ressuscitemos espiritualmente todos os dias, pois, pela água do batismo, já nos deste um novo coração de filhos de Deus. Concede-nos que Jesus ressuscitado resplandeça em nosso modo de viver e que possamos testemunhar que ele vive no meio de nós. Amém!

Canto com mensagem de Jesus luz da vida, do mundo

Contemplar – Olhar a vida como Deus olha

- Vou contemplar Jesus ressuscitado, dizer da minha alegria pela sua ressurreição e pelas minhas pequenas ressurreições sempre que faço uma obra boa. Jesus é fonte de esperança para todos os que depositam nele sua fé. Vou considerar Jesus Cristo que chama para sua luz maravilhosa.

Compromisso – O que a Palavra de Deus me leva a fazer?

> **Perceba!**
> Jesus venceu a morte. Ele vive!
> Constantemente nos sentimos morrer na incompreensão dos outros, nos fracassos, nas limitações, nos imprevistos e dificuldades que nos assolam, nas frustrações, na doença. Mas, no poder de Deus, na ação do Espírito Santo, em nossa fé em Jesus podemos ressuscitar com ele.

- As mulheres que foram ao túmulo levando perfume foram motivadas pelo amor a Jesus. Nesta semana, vou distribuir o perfume da alegria, do amor, da acolhida e da ajuda às pessoas que necessitam desses meus gestos. Como poderei fazer isso? Pessoalmente? Por telefone?
- Como poderei fazer isso por meio da *internet*?

Bênção: O catequista assinala com uma cruz a fronte de cada catequizando, (pronuncia o nome) e diz: "Que a luz de Cristo ressuscitado habite em seu coração para que você caminhe como filho/a da luz". Despede-se com um abraço.

> **O que eu penso agora?**
> - Ao chegar ao fim dessa reflexão sobre o amor de Jesus, convém perguntar:
> - Diante do amor de Jesus ressuscitado, como vou permitir que o Espírito Santo me conduza?
> - Como permito que o Espírito de Jesus ressuscitado conduza minha vida na fé em Jesus Cristo?

A presença do Espírito Santo na vida da Igreja

"O Espírito Santo descerá sobre vocês e dele receberão força para serem as minhas testemunhas..."(At 1,3-8)

Fique ligado! O Espírito é a alma, a força transformadora, o guia da Igreja. Depois da ressurreição de Jesus, os apóstolos, obedientes e confiantes nas palavras de Jesus, que prometera não deixá-los órfãos, mas que enviaria o Espírito Santo, permaneceram reunidos na esperança dessa promessa. Os apóstolos e os discípulos permaneceram reunidos. Tinham os mesmos sentimentos e eram assíduos na oração, juntamente com algumas mulheres, entre as quais Nossa Senhora, e aguardavam o Espírito Santo prometido por Jesus (cf. At 2,1-14). No dia de Pentecostes, veio do céu um barulho como o sopro de um forte vendaval que encheu a casa onde eles se encontravam e, como línguas de fogo, repousaram sobre eles (At 2,2-3). Foi um dia extraordinário para eles, que havia cinquenta dias esperavam o Espírito Santo prometido por Jesus. O Espírito Santo transformou aquelas pessoas, que de lá saíram anunciando a todos Jesus ressuscitado. A festa de Pentecostes aconteceu em Jerusalém, que naquela ocasião estava cheia de peregrinos de todas as partes do mundo. Era gente piedosa, vigilante aos apelos de Deus. Os peregrinos se perguntavam: O que quer dizer tudo isso? (At 2,12).

Esse acontecimento fez nascer a Igreja de Jesus. Assim como o espírito dá vida ao corpo, também dá vida à Igreja, que tem a missão de levar a Boa-nova da salvação até as extremidades da terra. Cheios do Espírito Santo, os apóstolos adquiriram uma nova compreensão de Jesus e de tudo o que ele havia dito e feito. Suas pregações sobre Jesus atraíam multidões, davam força e enriqueciam a Igreja. O Espírito Santo transforma o coração humano, possibilitando um recomeço, um enxergar a vida com olhos de Deus.

A força transformadora do Espírito Santo, derramada permanentemente sobre a Igreja, povo de Deus, lhe dá coragem, entusiasmo e determinação para agir no mundo e convoca todos os cristãos para que permaneçam atentos à mensagem de Jesus Cristo, conservada e transmitida na Igreja.

A comunidade cristã primitiva tinha consciência muito viva da presença do Espírito Santo, que os fazia destemidamente anunciar e testemunhar Jesus, mesmo em meio a muitas perseguições.

Ao longo de sua história, a Igreja sempre foi assistida pelo Espírito Santo. Constituída de pessoas, também teve falhas, limites, pecados. O Espírito Santo, porém, sempre a assistiu e conduziu-a a realizar a salvação trazida por Jesus. Muitos cristãos, conscientes de que a Igreja é obra do amor de Deus animada pelo Espírito Santo, doaram sua vida para tornar Jesus conhecido, amado e seguido e para construir o Reino, missão da Igreja no mundo.

A força do Espírito Santo suscita entre as pessoas os mais diversos dons e, na comunidade, os mais diferentes serviços (Rm 12,4-8 e 1Cor 12,4-11). Ele atua no mundo, onde pessoas de boa vontade buscam sentido para a vida e procuram Deus. O Espírito Santo favorece a continuidade de tudo o que Jesus viveu e ensinou. O Espírito Santo transformou os apóstolos de homens medrosos em homens corajosos (Jo 20,19). Os apóstolos abriram as portas e enfrentaram a multidão (At 2,14). Deram testemunho corajoso, anunciaram a Boa-nova, mesmo com tantas dificuldades (At 13,4).

Recordar – O que nossa vida está dizendo?
- Em sua opinião, como identificar uma pessoa plenamente realizada?

Escutar – O que o texto está dizendo?
   Canto para acolher a Palavra
   Ler At 2,1-12
- O que o texto está narrando?
- Onde os discípulos estavam reunidos?
- O que se ouviu e o que aparece?
- Como as pessoas ficaram ao ouvir o grande barulho?
- O que perguntavam uns aos outros?

Meditar – O que o texto diz para mim?
- O que pode facilitar para que eu seja fortalecido pelo Espírito Santo, que renova, dá vida, cria comunhão, movimenta os corações e é vida para os que têm fé? Ele é o Espírito de Jesus em nós.

Rezar – O que o texto me faz dizer a Deus?
- Vou agradecer a Deus por ter enviado o Espírito Santo para guiar a Igreja, que nos ensina a verdade e ministra aos cristãos os dons do Paráclito, para os diferentes serviços na Igreja.

Oração: Após cada invocação rezar ou cantar juntos: Vinde, Espírito Santo!
Espírito de Deus, visitai e purificai o nosso coração;
Para que a Palavra de Deus e os ensinamentos de Jesus sejam a nossa norma de vida;

Espírito Santo, sede nosso consolador, fonte de água viva, fogo do amor, unção celeste e força criadora de comunhão;

Ajudai-nos, Espírito Santo, a sermos atentos e obedientes à mensagem de Jesus Cristo e da Igreja;

Para que sejamos testemunhas autênticas de Jesus;

Para que tenhamos um coração compassivo, para acolher as pessoas que encontramos em nosso cotidiano;

Para que possamos conhecer sempre mais o amor do Pai e o coração de Jesus Cristo;

Contemplar – Olhar a vida como Deus olha

- Permaneça uns instantes em silêncio, deixando-se iluminar pelo Espírito Santo e formule uma palavra ou uma frase para ser repetida várias vezes.

Compromisso – O que a Palavra de Deus me leva a fazer?

- A Igreja viva dos primeiros tempos tinha consciência da presença do Espírito Santo. Consciente de que a Igreja é obra do amor de Deus, animada pelo Espírito Santo, os primeiros cristãos doaram sua vida para tornar Jesus conhecido, amado e seguido.
- Pesquise na Bíblia, em Atos dos Apóstolos, nos três primeiros capítulos, cinco versículos que falam da atuação do Espírito Santo na Igreja e enumere-os segundo sua preferência. Partilhe sua pesquisa com seu grupo de catequese, no próximo encontro.
- Como equipe, que mensagens referentes ao Espírito Santo na vida da Igreja podem enviar pelo blogue?

O que eu penso agora?

Depois de todas as considerações construídas neste encontro, o que penso?

- Jesus disse: "Vou enviar a vocês o Espírito Santo, que ficará sempre convosco" (Jo 14,16).
- Jesus também afirmou: "Estarei convosco até o fim do mundo" (Mt 28,20). Antes de subir ao céu, Jesus falou assim para os discípulos, porque não queria que eles se sentissem sozinhos; queria que entendessem que Jesus se faz presente em nossa vida, embora invisível.
- Como permito que o Espírito Santo me conduza?

24º Encontro

O Espírito Santo nos ensina a fazer da nossa vida um dom
"Cada um recebe o dom de manifestar o Espírito para a utilidade de todos" (1Cor 12,7)

Fique ligado! A Força do Espírito Santo atua escondida e permite que, no cotidiano de nossa vida, manifestemos nossos dons pelo diálogo franco e aberto, para a construção da paz e da justiça, na superação da fome e da miséria, na construção de um mundo melhor. As primeiras comunidades cristãs entenderam que sua fé é doação e aprenderam essa lição de Jesus. Em nossas comunidades cristãs uns recebem o dom de coordenar e animar a comunidade; outros, o de aconselhar e de mostrar o caminho; outros, o da graça de explicar e conduzir à fé. O sacramento da crisma habilita o cristão para o serviço na comunidade eclesial, o qual assume nela a condição de partilhar seus dons, vive a missão de servir, e passo a passo assume o seguimento de Jesus. Abraçando a causa do Reino, podemos ser fiéis a Deus de diferentes formas: na responsabilidade de constituir uma família (sacramento do matrimônio) ou na entrega total à comunidade eclesial (ordem e vida religiosa). O amor é a base de todo o serviço (1Cor 13).

Recordar – O que nossa vida está dizendo?
- Na comunidade, você conhece pessoas que colocam seus dons a serviço dos outros para que as pessoas tenham vida feliz?

Escutar – O que o texto está dizendo?
Canto para acolher a Palavra
Ler 1Cor 12,4-11
- Do que trata o texto que acabamos de ouvir?
- Quais os dons que o Espírito concede?
- O que o texto fala a respeito dos dons?

Meditar – O que o texto diz para mim?
- Vou refletir sobre os dons do Espírito Santo e considerar um deles para colocá-lo a serviço das pessoas em minha comunidade.

Oração: Vinde, *Espírito de inteligência*, que, por vossa divina luz, nos fazeis penetrar as verdades e os mistérios de nossa santa religião.
Vinde, *Espírito de conselho*, e ajudai-nos a discernir em todas as ocasiões o que devemos fazer para cumprir com a vossa divina vontade.
Vinde, *Espírito de fortaleza*, e prendei-nos a Deus e aos nossos deveres de maneira que nada jamais nos possa abalar.
Vinde, *Espírito de ciência*, que, único, nos podeis dar para o perfeito conhecimento de Deus e de nós mesmos. Pedimos-vos esta ciência divina e única necessária, com todo o ardor de nossa alma.
Vinde, *Espírito de piedade*, para que saibamos executar com alegria e prontidão o que Deus nos manda e para que, pela unção de vosso divino amor, achemos verdadeiramente leve e suave o jugo do Senhor.
Vinde, *Espírito de temor de Deus*, e fazei-nos evitar com o maior cuidado tudo o que possa desagradar ao nosso Pai celestial.
Glória a Vós, Pai Eterno, que, com o vosso Filho único e o Espírito consolador, viveis e reinais por todos os séculos dos séculos. Amém!

Rezar – O que o texto me faz dizer a Deus?
- Individualmente vou pedir a Deus a graça de crescer na maturidade cristã e para que meu agir seja conduzido pelo Espírito Santo. Desça também sobre mim o Espírito Consolador! Vinde, *Espírito de sabedoria*, e fazei-me conhecer a verdadeira felicidade, dando-me os meios para consegui-la.

Oração: Ó Espírito Santo, amor do Pai e do Filho! Inspirai-me sempre aquilo que devo pensar, aquilo que devo dizer, como eu devo dizê-lo, aquilo que devo calar, aquilo que devo escrever, como eu devo agir, aquilo que devo fazer, para procurar a vossa glória, o bem das almas e minha própria santificação. Ó Jesus, toda a minha confiança está em vós. Ó Maria, templo do Espírito Santo, ensinai-nos a ser fiéis àquele que habita em nosso coração.

Contemplar – Olhar a vida como Deus olha
- Vou colocar-me nas mãos de Deus e perceber que Jesus, antes de subir aos céus, prometeu aos Apóstolos e discípulos enviar-lhes o Espírito Santo para os consolar e fortalecer.
- Em atitude de escuta e contemplação, vou acolher em minha vida o Espírito Santo.

Compromisso – O que a Palavra de Deus me leva a fazer?

- Ao acolher a força do Espírito Santo em minha vida, meus olhos se abrem para acolher seus dons e construir vida nova.
- No próximo encontro, como um autêntico repórter, indagar de meus colegas catequizandos sobre os dons do Espírito Santo e o que o grupo deles entende.

> **O que eu penso agora?**
> Ao chegar ao final deste encontro, convenci-me de que os dons do Espírito Santo movem-me cotidianamente?

Credo: Profissão de fé
O Credo contém a síntese da fé

Fique ligado! A profissão de fé nasceu na Igreja como assimilação da mensagem transmitida pelos apóstolos. Todos aqueles que, por ocasião de seu batismo, são interrogados sobre a sua fé, confessam com as mesmas palavras a sua pertença a Deus Pai, a Jesus Cristo, seu Filho, e ao Espírito Santo. Quem diz "creio" afirma: "dou a minha adesão àquilo em que eu creio". A profissão de fé é um rito em que a assembleia renova seu compromisso de amor e fidelidade ao Senhor, relembrando as afirmações fundamentais da fé cristã, como resposta à Palavra de Deus ouvida e aceita. Portanto, não deve ser reduzida à simples recitação de uma oração decorada. As primeiras comunidades cristãs compuseram e ensinaram o Credo, para servir de base a todos os ensinamentos da religião e também como um memorial dos ensinamentos da Igreja; para ser para os fiéis um sinal de reconhecimento e uma marca inviolável da unidade da fé que nos veio dos Apóstolos. O Credo contém a síntese da fé. Resume a fé que os cristãos professam, ou declaram ter. Como a semente de mostarda contém em um pequeníssimo grão um grande número de ramos da frondosa árvore em que se transformará, da mesma maneira, o resumo da fé encerra, em algumas palavras, todo o conhecimento da verdadeira base dos pontos de fé, contida no Antigo e no Novo Testamento. O Credo encerra para nós as mais altas verdades do conhecimento, ligadas à salvação eterna. Ele é luz para todos que nele vêm saciar-se como uma fonte inesgotável de verdade. Rezar o Credo é entrar em comunhão com Deus Pai, Filho e Espírito Santo; significa também entrar em comunhão com a Igreja inteira, que nos transmite a fé. É dizer que nossa vida vem de Deus e está nas mãos dele. Portanto, é um admirável resumo da fé cristã.

A primeira profissão de fé é feita no batismo. O batismo é um convite a viver de acordo com os ensinamentos de Jesus. Quando batizados, passamos a pertencer à comunidade cristã.

Recordar – O que nossa vida está dizendo?
- No caminho percorrido de casa até aqui, você percebeu algo como o ar, o vento, o calor? Essas realidades existem, você consegue dar-lhes forma, cor e espaço?

Escutar – O que o texto está dizendo?
Canto para aclamar a Palavra
Ler Jo 12,44-47
- Cada catequizando lê um versículo.
- O que Jesus disse em voz alta a respeito do acreditar nele?
- O que Jesus continuou dizendo?
- Como Jesus se apresenta e o que ele afirma a respeito de quem nele crer?

Meditar – O que o texto diz para mim?
- Contemplar pela fé em Deus é manter o olhar e o pensamento firme nele. Desde toda a eternidade, Deus nos olhou e nos amou como filhas e filhos queridos. Ele é luz para nossa vida; assim nos deixamos inundar por essa luz. Então – que alegria! – eu mesmo começo a iluminar, não pelo meu poder, mas pelo poder que vem de Deus. Conhecendo a grandeza de tal luz, não devo desejar a escuridão! Na luz temos a verdade e a libertação, a proximidade com Deus. Isso exige esforço e renúncia. Mas a alegria de termos nossa vida iluminada por ele é maior do que qualquer outra dificuldade.

Rezar – O que o texto me faz dizer a Deus?
- Cantar bem suave: Creio, Senhor, mas aumentai minha fé. (3x)

Rezar juntos:
Assim diz o Senhor, Aquele que te criou: "Não tenhas medo, que fui eu quem te resgatou, chamei-te pelo nome, tu és meu!
Se tiveres de atravessar pela água, contigo estarei e a inundação não te vai submergir! Se tiveres de andar sobre o fogo, não te vais queimar, as chamas não te atingirão! Pois eu sou o Senhor, o teu Deus, o Santo de Israel, o teu Forte!" (Is 43,1-3).

Contemplar – Olhar a vida como Deus olha
- Vou colocar-me nas mãos de Deus e agradecer porque me conhece e me ama desde toda a eternidade.

Compromisso – O que a Palavra de Deus me leva a fazer?

- Rezar o Creio é entrar em comunhão com Deus Pai, Filho e Espírito Santo; significa entrar em comunhão com a Igreja inteira, que nos transmite a fé. É dizer que nossa vida vem de Deus e está nas mãos dele. Portanto, é um admirável resumo da fé cristã.
Como cristão batizado, que mensagens referentes ao Credo posso enviar pelo blogue?

O que eu penso agora?
Depois de todas as considerações que surgiram no decorrer deste encontro, vou refletir:

Creio em Deus Pai todo-poderoso, Criador do céu e da terra;
Dizer "Creio em Deus" é afirmar que ele é a fonte de todas as verdades sobre o ser humano. É afirmar que o mundo e tudo o que ele contém não surgiu de si mesmo nem do acaso. Nasceu e continua a existir porque Deus assim o quis e o mantém a cada instante. Sem ele não existiria a vida. Crer em Deus, o Único, significa conhecer sua grandeza e majestade; viver em ação de graças e confiar nele para sempre.

E em Jesus Cristo, seu único Filho, Nosso Senhor;
"Cristo" é a tradução grega da palavra hebraica "Messias", que significa "ungido". Jesus é consagrado por Deus e ungido pelo Espírito Santo para ser nosso Redentor. Ele é o Filho amado do Pai (Jo 3,35), o Messias esperado por Israel.

Que foi concebido pelo poder do Espírito Santo, nasceu da Virgem Maria;
Por obra do Espírito Santo, o Filho de Deus encarnou-se no seio da Virgem Maria (Lc 1,35).
A encarnação é o mistério da união de duas naturezas: a divina e a humana na pessoa divina de Jesus. Assim afirmamos que Jesus Cristo é verdadeiro Deus e verdadeiro homem.

Padeceu sob Pôncio Pilatos, foi crucificado, morto e sepultado;
A morte de Jesus não foi o resultado do acaso. Pertence ao mistério do desígnio de Deus que "amou tanto o mundo que deu seu Filho único" (Jo 3,16). O Mistério Pascal é o centro da fé cristã. Compreende a paixão, a morte e a ressurreição de Jesus. Com a morte redentora e a ressurreição de Jesus Cristo, seu Filho, Deus realizou o desígnio da salvação.

Desceu à mansão dos mortos; ressuscitou ao terceiro dia;
A ressurreição de Jesus Cristo é o coração, o núcleo, a verdade culminante da nossa fé. Acreditamos que Cristo, vencedor do pecado e da morte, é fonte de esperança para todos os que nele depositam sua fé. Ele nos faz participantes de sua vida, e, no fim da nossa vida, não é o nada que nos espera, mas a vida eterna na plenitude de Deus.

Subiu ao céu; está sentado à direita de Deus Pai todo-poderoso;
Após a ressurreição, Jesus apresenta-se aos apóstolos. Pela ascensão, sobe aos céus e senta-se à direita do Pai. Não se trata de mudança de lugar no âmbito do mundo, mas da entrada definitiva de Jesus, em corpo e alma, na glória do Pai, de onde há de vir nos buscar, depois de nos ter preparado um lugar (cf. Jo 14,2).

De onde há de vir julgar os vivos e os mortos.
Cremos que Cristo, cabeça da Igreja, virá na glória para julgar com poder os vivos e os mortos. Todos serão repletos de vida ou de condenação segundo suas obras. Veremos então a plenitude de Cristo (Ef 4,13).

Creio no Espírito Santo;
"O amor de Deus foi derramado em nossos corações pelo Espírito Santo que nos foi dado" (Rm 5,5). Professar nossa fé no Espírito Santo é crer na terceira pessoa da Santíssima Trindade, que procede do Pai e do Filho. É "enviado aos nossos corações" (Gl 4,5) para recebermos a vida nova de filhos de Deus. A missão de Cristo e do Espírito Santo se realiza na Igreja, Corpo de Cristo e templo do Espírito Santo.

Na Santa Igreja Católica;
A Igreja é uma comunidade com dimensões universais. Transmite a fé aos que nela se incorporam pelo batismo, enraíza-os em Cristo e acompanha-os para que possam viver como cristãos. Cumpre assim a missão do seu Senhor, missão de anunciar e instaurar entre os povos o Reino de Deus inaugurado por Cristo. A Igreja é católica, universal, pois nela está Cristo. "Onde está Cristo Jesus, está a Igreja Católica" (Santo Inácio de Antioquia). É também apostólica, pois tem sua origem edificada sobre os apóstolos (Ef 2,20).

Na comunhão dos santos;
Cremos na comum participação de todos os membros da Igreja nas coisas santas: a fé, os sacramentos, os carismas e os outros dons espirituais. Esperamos a comunhão entre as pessoas que estão unidas a Cristo morto e ressuscitado.

Na remissão dos pecados;
A Igreja recebeu do próprio Cristo o poder e a missão de perdoar os pecados. "Recebei o Espírito Santo. A quem perdoardes os pecados, serão perdoados; a quem os retiverdes, ficarão retidos" (Jo 20,22-23).

Na ressurreição da carne;
Crer na ressurreição da carne significa crer que, da mesma forma que Cristo ressuscitou e vive para sempre, depois da morte os justos viverão para sempre, em Cristo ressuscitado. A expressão "carne" designa o ser humano em sua condição de fraqueza e mortalidade. Todavia, cremos no Deus criador da carne, que em Jesus se fez carne, ser humano.

Na vida eterna.
A vida, na sua realidade e verdade, é o Pai, que, com o Filho e o Espírito Santo, derramam como fonte sobre todos nós os seus dons celestes. São Paulo escreve à comunidade de Corinto: "O que Deus preparou para os que o amam é algo que os olhos jamais viram, nem os ouvidos ouviram, nem coração algum jamais pressentiu" (1Cor 2,9).

Amém!
Significa nosso sim confiante e total à verdade que professamos, confiando-nos Àquele que é o "Amém" definitivo: Cristo Senhor (Ap 3,14). (Fonte: *"Eu Creio - Pequeno Catecismo Católico"* e *"Catecumenato Crismal: Folheto da Paróquia São José do Patrocínio"*, Coronel Freitas, Diocese de Chapecó).

Os sacramentos: sinais do amor de Deus

Os sacramentos são sinais sensíveis, gestos e símbolos eficazes do amor de Deus para conosco.

Fique ligado! Sacramento é um encontro com Jesus Cristo, por meio de um sinal. Jesus, por amor, encontrou meios de continuar conosco, nos momentos mais decisivos e importantes da nossa vida. Antes de voltar para junto do Pai, Jesus encarregou os apóstolos de continuarem sua missão: "Toda autoridade me foi dada no céu e na terra. Ide, pois, e ensinai a todas as nações; batizai-as em nome do Pai, e do Filho e do Espírito Santo. Ensinai-as a observar tudo o que vos prescrevi. Eis que estou convosco todos os dias, até o fim do mundo" (Mt 28,18-20). Os sacramentos são sinais do amor de Deus, são sinais concretos da presença do Reino de Deus, revivem entre nós o Mistério Pascal. Os sete sacramentos são gestos concretos e eficazes da presença do amor de Deus no mundo. Os sacramentos têm uma ação infinita e expressam a totalidade do Mistério Pascal. Os sacramentos da Igreja são sete: batismo, crisma, eucaristia, reconciliação, ordem, unção dos enfermos e matrimônio. Os sacramentos da iniciação cristã são: sacramento do batismo, da crisma e da eucaristia. No início do cristianismo, o adulto, depois do catecumenato, recebia esses três sacramentos numa mesma ocasião. Os sete sacramentos abrangem todas as etapas e momentos importantes da vida do cristão.

Recordar – O que nossa vida está dizendo?
- Qual o valor da água na vida das pessoas e do planeta?
- Escutar – O que o texto está dizendo?
- Canto de aclamação ao Evangelho
- Ler Jo 7,37-38
- Quem está falando no texto?
- Do que Jesus fala? A que Jesus se referia?

Meditar – O que o texto diz para mim?
- Vou meditar sobre o convite de Jesus: "Quem tem sede, venha a mim e beba" (Jo 7,37).

Rezar – O que o texto me faz dizer a Deus?
- Cantar bem suave: És água viva...
- Em silêncio vou louvar a Deus porque ele quer ser Água Viva para mim.
- O catequista convida os catequizandos a repetir juntos, 3 vezes, a invocação: Senhor, nós te adoramos neste sacramento.
- Rezar juntos o Pai-nosso, colocar a mão direita no ombro de quem está perto, com a mão esquerda voltada para o centro do círculo, em forma de concha, como acolhida e bênção de Deus.

Contemplar – Olhar a vida como Deus olha
- Em atitude de contemplação vou perceber que os sacramentos são gestos concretos do amor de Deus, para mostrar que ele me ama ao longo da vida: infância, juventude, idade madura e velhice.
- Os sacramentos são sinais da presença de Jesus Cristo em minha vida, água revigorante para os momentos de cansaço e desânimo, mas também água de vida para os momentos de alegria e gratidão. Eu te louvo, Deus, porque os sacramentos abrem o meu coração à ação do Espírito Santo, que cura e transforma aqueles que recebem e vivem os sacramentos.

Compromisso – O que a Palavra de Deus me leva a fazer?
- Convidar os catequizandos para fazer memória do próprio batismo. Para realizar este registro, solicitar a ajuda dos pais ou avós.

O que eu penso agora?

Depois de todas as considerações construídas neste encontro, o que penso?
- Os sacramentos são sinais do amor de Deus, são sinais concretos da presença do Reino de Deus, em minha vida.
- Os sacramentos são gestos concretos do amor de Deus, para mostrar que ele me ama, ao longo de todas as etapas da minha vida.

Lembrete: Convidar três catequizandos para ensaiar o texto bíblico do próximo encontro.

O batismo, fonte de vida e missão

"O batismo sela o cristão com um sinal espiritual indelével de sua pertença a Cristo" (CIC, n.1272).

Fique ligado! Pelo batismo, recebemos a vida nova de Jesus e a força viva do Espírito Santo. Assumimos ainda o compromisso de viver a fé unidos com os irmãos na luta por uma vida melhor. O batismo transforma-nos em morada da Santíssima Trindade, liberta-nos do pecado e nos dá força para lutar contra o mal. Quando recebemos o sacramento do batismo, passamos de criaturas para filhos amados de Deus, começamos a fazer parte de uma comunidade de fé, na qual cada sacramento deve ser sinal e realização da presença de Jesus Cristo. O batismo é o fundamento de toda a vida cristã, a porta da vida no Espírito que abre o acesso aos demais sacramentos. Pelo batismo, somos lavados do pecado e adotados como filhos de Deus, tornando-nos irmãos de Cristo. Batizar significa "mergulhar", "emergir", pois na Igreja primitiva havia um grande número de pessoas adultas que se convertiam do paganismo, e um dos modos como se batizava era precisamente mergulhando a pessoa, como sinal de purificação. Com o passar do tempo, o número de pessoas adultas que se convertiam foi diminuindo, dando espaço a maior número de batizados de crianças, filhos dos que já tinham sido batizados. No momento principal do batismo, proferem-se as palavras: "Eu te batizo em nome do Pai, e do Filho e do Espírito Santo" (Mt 28,19). O batismo é o mais belo e o mais magnífico dom de Deus.

Recordar – O que nossa vida está dizendo?
- Relatar o resultado da pesquisa referente ao próprio batismo, solicitado no encontro anterior.

Escutar – O que o texto está dizendo?
- Canto para aclamar o Evangelho
- Encenar o texto de Jo 3,1-6
- Personagens:
1. Narrador
2. Jesus
3. Nicodemos

2. (*No centro da sala, Jesus só, sentado pensativo*).
1. Havia entre os fariseus um homem chamado Nicodemos, que era um judeu importante.
3. (*Entra em direção a Jesus*).
1. Uma noite, Nicodemos veio ter com Jesus e lhe disse:
3. – Rabi, sabemos que tu és um Mestre vindo da parte de Deus. Realmente, ninguém pode realizar os sinais que tu fazes, se Deus não está com ele.
2. – Eu garanto a você: se alguém não nasce do alto, não poderá ver o Reino de Deus.
3. – Como é que um homem pode nascer de novo, se já é velho? Poderá entrar outra vez no ventre de sua mãe e nascer?
2. – Eu garanto a você: ninguém pode entrar no Reino de Deus, se não nasce da água e do Espírito.
- Quem nasce da carne é carne, quem nasce do Espírito é espírito. (*Pausa, em outro tom*). Não se espante se eu digo que é preciso vocês nascerem do alto.
- Depois de um momento de silêncio, proclamar o texto novamente.

Meditar – O que o texto diz para mim?
- Coloque-se no lugar de Nicodemos e perceba o que causam as palavras de Jesus: "Ninguém pode entrar no Reino de Deus se não nascer da água e do Espírito".

> **Perceba!**
> O batismo é o ponto de partida na vida cristã. O cristão recebe a plenitude da vida em Cristo quando vive a fé e se engaja numa comunidade cristã, participando de sua vida e missão. No momento em que somos batizados, passamos a pertencer à comunidade cristã que é a Igreja. O batismo é o primeiro dos sacramentos. Convida-nos a viver de acordo com os ensinamentos de Jesus, que se encontram na Palavra de Deus, nos Evangelhos. O batismo é um novo nascimento.

Rezar – O que o texto me faz dizer a Deus?
- Aproximar-se da mesa, tocar com a mão na água e fazer o sinal da cruz, lembrando o sinal da cruz que lhes foi traçado no dia do batismo.
- A seguir rezar:

Oração: Olhai, ó Pai, para nós, vossos filhos e filhas. Que o Espírito Santo nos dê, por esta água, a graça do Cristo, a fim de que, criados à sua imagem, sejamos lavados da antiga culpa, pelo batismo, e que, renascidos pela água e pelo Espírito Santo, vivamos uma vida nova. Por Cristo, Nosso Senhor. Amém!

Contemplar – Olhar a vida como Deus olha

- Vou considerar que a graça do batismo nos torna filhos de Deus, irmãos e irmãs de Jesus Cristo, membros da Igreja. O batismo é uma dádiva divina que é preciso fazer frutificar ao longo de toda a vida.

Compromisso – O que a Palavra de Deus me leva a fazer?

- O batismo é a porta de entrada para os demais sacramentos. Vou divulgar a importância do batismo na minha rua ou comunidade.
- Vou reler o texto de Jo 3,1-6 e falar com Deus a respeito de minhas dificuldades e esperanças. Em seguida, vou escrevê-las em forma de diálogo.
- Como podemos divulgar a importância do batismo na comunidade? E na *internet*? Como fazer isso de modo sério e não sensacionalista, para que todo o louvor seja para Deus?

> **O que eu penso agora?**
> Depois de todas as considerações construídas neste encontro, o que penso?
> - Qual a importância do batismo em minha vida?
> - Como posso viver plenamente o meu batismo?

28º Encontro

Domingo: dia do Senhor
"Por que vocês estão procurando entre os mortos aquele que está vivo?" (Lc 24,5)

Fique ligado! O Evangelho de São Lucas nos conta que, depois da morte de Jesus, no primeiro dia da semana, as mulheres foram bem cedo ao sepulcro onde Jesus havia sido sepultado. Encontraram a sepultura vazia (Lc 24,1-4). Num misto de medo e alegria, saíram correndo para avisar aos discípulos o que tinha ocorrido. No mesmo primeiro dia da semana, dois discípulos, tristes com a morte de Jesus, desanimados e decepcionados, iam para Emaús. Jesus se aproximou deles e, sem que o reconhecessem, caminhou junto, ajudou a compreender o que aconteceu, explicou as Escrituras e se revelou a eles, quando estavam jantando (Lc 24,13-35).

O Catecismo da Igreja Católica nos ensina que devemos guardar o domingo, contudo, a missa rezada no sábado após o pôr do sol tem o mesmo valor litúrgico. O mandamento da Igreja determina e especifica a lei do Senhor. "Aos domingos e nos outros dias de festas de preceito, os fiéis têm a obrigação de participar da missa". "Satisfaz ao preceito de participar da missa quem assiste à missa celebrada segundo o rito católico no próprio dia de festa ou à tarde do dia anterior" (CIC, n.2180).

Também no primeiro dia da semana, os apóstolos estavam numa sala, de portas fechadas e com medo, Jesus apareceu no meio deles e disse: "A paz esteja com vocês!" (Jo 20,19-20). Assim, no testemunho dos apóstolos, os cristãos passaram a dar um sentido muito profundo ao primeiro dia da semana, como o "Dia do Senhor". Primeiro porque lembra o início da criação: no primeiro dia, Deus criou a luz (cf. Gn 1,3-5). Agora, no despontar do sol do primeiro dia da semana, desponta o novo Sol, a nova luz – Jesus ressuscitado. O domingo é o dia do começo da nova vida, com Jesus vivo entre nós. Para os cristãos, esse dia se tornou memorável e inesquecível, o mais importante da semana e passaram a chamá-lo "Dia do Senhor" ou domingo.

O *Catecismo da Igreja Católica* diz: "O dia da ressurreição de Cristo é ao mesmo tempo 'o primeiro dia da semana', memorial do primeiro dia da criação, e o 'oitavo dia', em que Cristo, depois do seu 'repouso' do grande sábado, inaugura o dia 'que o Senhor fez', o 'dia que não conhece ocaso'. A Ceia do Senhor é o seu centro, pois é aqui que toda a comunidade dos fiéis se encontra com o Senhor ressuscitado, que os convida ao seu banquete" (CIC, n. 1166).

Recordar – O que nossa vida está dizendo?
- Como as pessoas, as famílias costumam passar o domingo?
- O que fazem no domingo?

Escutar – O que o texto está dizendo?
Canto para aclamar o Evangelho
Ler Lc 24,1-12
- Em que dia e a que hora as mulheres foram ao túmulo de Jesus?
- O que encontraram e como ficaram?
- Quem apareceu, e o que disseram?
- O que as mulheres lembraram e o que fizeram?
- A quem foram contar o acontecimento?

Meditar – O que o texto diz para mim?
- Deixe ressoar, de maneira bem especial, as palavras que os dois homens que estavam na sepultura de Jesus disseram: "Por que vocês estão procurando entre os mortos aquele que está vivo?"
- Converse tranquilamente com Deus a respeito do que diz o texto: "No primeiro dia da semana, bem de madrugada, as mulheres foram ao túmulo".

Rezar – O que o texto me faz dizer a Deus?
- Em silêncio, vou louvar e agradecer a Deus pelo mistério da morte e ressurreição de Jesus, manifestação do grande amor de Deus, e porque temos o domingo para, em comunidade, celebrar esse mistério.

Oração: Nós vos agradecemos, Deus nosso Pai, porque nos destes de modo especial o domingo para celebramos nossa fé, e pedimos a vossa bênção sobre a semana, em que podemos estudar, trabalhar, rezar e viver momentos de lazer.
Agradecemos, Deus nosso Pai, por vivermos comprometidos na construção do vosso Reino e por conseguirmos cumprir com a vossa vontade.
Agradecemos, Pai, pelo pão nosso de cada dia, que nos tendes dado e por nos perdoardes as nossas ofensas, assim como nós também temos perdoado a quem nos tem ofendido.
Agradecemos, Pai, por nos terdes libertado das tentações e livrado de todo o mal. Porque, Pai, vosso

é o reino, vosso é o poder e vossa é a glória, para todo o sempre manifestada em nossas vidas. Pai, somos gratos, hoje e sempre porque temos o primeiro dia da semana para encontrar nossos irmãos de fé e celebrar o Mistério de amor da morte e ressurreição de vosso Filho Jesus, que convosco vive para sempre, na unidade do Espírito Santo. Amém!

Contemplar – Olhar a vida como Deus olha
- Faça silêncio em seu coração e diga algumas vezes: Eu acredito que Jesus está vivo e, com a presença dele, posso vencer todas as limitações e construir o bem no meu dia a dia.

Compromisso – O que a Palavra de Deus me leva a fazer?
- Vou convidar meus amigos e meus familiares para participar da missa, no próximo domingo, ouvir com atenção a Palavra de Deus, receber a eucaristia e firmar em meu coração a certeza de que Jesus está vivo e sempre presente.

O que eu penso agora?
Depois de todas as considerações construídas neste encontro, o que penso?
- Como posso reservar parte do domingo para que ele se torne um dia especial de avivamento e crescimento na fé?

Lembrete: É possível para o nosso grupo propagar, na comunidade e no blogue, o valor da missa?

Eucaristia, memória e ação de graças
A eucaristia é alimento e fonte geradora de vida

Fique ligado! A eucaristia contém todo o tesouro espiritual da Igreja, isto é, o próprio Cristo, nossa Páscoa. A eucaristia é o resumo e a súmula da nossa fé. A riqueza inesgotável desse sacramento expressa-se nos diferentes nomes que lhe são dados.

Eucaristia, porque é ação de graças a Deus. *Ceia do Senhor*, porque se trata da ceia que o Senhor comeu com os discípulos na véspera da sua paixão e da antecipação do banquete nupcial do Cordeiro na Jerusalém celeste. *Fração do Pão*, porque este rito, próprio da refeição dos judeus, foi utilizado por Jesus quando abençoava e distribuía o pão como chefe de família, sobretudo quando da última ceia.

Assembleia eucarística, porque a Eucaristia é celebrada em assembleia de fiéis, expressão visível da Igreja.

Memorial, porque recorda a paixão e ressurreição do Senhor.

Santo Sacrifício, porque atualiza o único sacrifício de Cristo Salvador e inclui a oferenda da Igreja; ou ainda *santo Sacrifício da Missa*, "*Sacrifício de louvor*" (Hb 13,15), *Sacrifício espiritual*, *Sacrifício puro e santo*, pois completa e ultrapassa todos os sacrifícios da Antiga Aliança. *Santa e divina liturgia*, porque toda a liturgia da Igreja encontra o seu centro e a sua expressão mais densa na celebração desse sacramento; chama-se também celebração dos *Santos Mistérios*. Fala-se igualmente do *Santís-*

simo Sacramento, porque é o sacramento dos sacramentos. E com esse nome se designam as espécies eucarísticas guardadas no sacrário.

Comunhão, pois é por esse sacramento que nos unimos a Cristo. Chama-se ainda coisas *santas, pão dos anjos, pão do céu, remédio da imortalidade, viático...*

Santa Missa, porque a liturgia em que se realiza o mistério da salvação termina com o envio dos fiéis (*missio*), para irem cumprir a vontade de Deus na sua vida quotidiana.

> Eucaristia é chamada popularmente de Missa, mas nossa Igreja lhe atribui ainda outros nomes, a saber: *Ceia do Senhor, Fração do Pão* (designação dada pelos primeiros cristãos), *Assembleia Eucarística, Memorial, Santo Sacrifício* (porque torna atual o único sacrifício de Cristo Salvador), *Santa e Divina Liturgia, Comunhão*. A eucaristia é ação de graças ao Pai, uma bênção pela qual a Igreja exprime o seu reconhecimento a Deus por todos os benefícios que dele provêm, por tudo o que ele realizou por meio da criação e da redenção. A Missa é a maior, a mais completa e a mais poderosa oração da qual dispõe o católico. Entretanto, se não conhecemos o seu valor e significado e repetimos as orações de maneira mecânica, não usufruiremos os imensos benefícios que a missa traz.

Recordar – O que nossa vida está dizendo?
- Quais são os laços que unem uma família, um grupo de amigos, ou um time de futebol?

Escutar – O que o texto está dizendo?
Canto para aclamar o Evangelho
Ler Mc 14,22-25
- O que o texto está falando?
- O que fez Jesus enquanto ceavam?
- O que Jesus disse?

Meditar – O que o texto diz para mim?
- Vou refletir sobre o que Deus me revela de si mesmo nesse texto bíblico e perceber que a eucaristia contém sempre, simultaneamente, palavra e sacramento; é uma proclamação e uma celebração da obra de Deus. A eucaristia é a grande ação de graças ao Pai pela criação, pela redenção e santificação da humanidade, por meio de seu Filho Unigênito. A eucaristia é reveladora do grande amor de Deus em minha vida.

Rezar – O que o texto me faz dizer a Deus?
- Após um momento de silêncio, vou dar graças a Jesus Cristo pela eucaristia, ceia de Jesus antes de sua paixão e anúncio do banquete eterno.

Todos:
Senhor Jesus Cristo, tu és o pão que vivifica.
"Tu és o pão que nos faz irmãos, tu és o pão que nos dá o Pai.
Tu és o caminho que nós escolhemos, tu és o caminho que conduz através do sofrimento.

Tu és o caminho que conduz à alegria.
É digno e justo cantar-te, bendizer-te, louvar-te, dar-te graças e adorar-te.
Em toda parte e até onde se estende o teu domínio" (São João Crisóstomo).
Ao som de uma música referente à eucaristia, em clima de oração o catequista partilha pequenos pedaços de pão e um pouco de suco de uva.
Em seguida, faz preces referentes à partilha e todos rezam: **Senhor, dá-nos a generosidade na partilha.**

Contemplar – Olhar a vida como Deus olha
- Vou contemplar Jesus partilhando o pão na última ceia e perceber que é necessário partilhar com generosidade os dons e serviços a mim confiados.

Compromisso – O que a Palavra de Deus me leva a fazer?
- Vou ajudar materialmente alguém que necessita e dar um bom conselho, fazer uma visita a um necessitado e convidar familiares e vizinhos para participar da missa dominical.

O que eu penso agora?
- Depois de todas as considerações construídas neste encontro, o que penso?
- Por que a missa é "a mais completa e a mais poderosa oração da qual dispõe o católico"?
- Como posso valorizar sempre mais a santa missa e a minha participação nela?

PURIFICAÇÃO E ILUMINAÇÃO

30º Encontro

Comunidade de fé: lugar de vida e de perdão
Onde há perdão, amor, comunhão e bem-querer há alegria.

Fique ligado! Todas as vezes que perdoamos, o olhar compassivo de Deus se volta para nós. Dar e acolher o perdão significa corrigir os desvios e reconhecer nossas faltas diante de Deus e das pessoas. Zaqueu reconheceu seus erros e propôs-se a mudar de vida, reparando todo o mal que cometeu: "Senhor, dou a metade dos meus bens aos pobres" (cf. Lc 19,1-10). Em nossas comunidades, o amor e o perdão devem abafar o preconceito, a rejeição e o egoísmo. Onde há perdão, amor, comunhão e bem-querer há alegria. Podemos aprender das primeiras comunidades cristãs, que viviam a união, a partilha do pão, o amor, o perdão, a comunhão, o testemunho cristão (cf. At 2,42-47). As pessoas eram atraídas para a comunidade cristã pelo estilo de vida que os cristãos viviam. O amor a Deus e ao próximo eram os pilares da vida cristã. Havia perdão entre eles. Era uma comunidade em que havia festa e alegria. Não consegue viver bem quem não cultiva a misericórdia, o perdão e o amor. Experimentamos a bondade de Deus quando temos um coração arrependido e aberto para ele e para o irmão.

> Longe de Deus não existe verdadeira alegria, porque isto significa estar longe de nós mesmos. Ao cultivar o amor e o perdão, garantimos dias melhores e menos violentos.

Recordar – O que nossa vida está dizendo?
- Entrevista em duplas com as seguintes perguntas:
- Você conhece pessoas que realizam trabalhos comunitários? Quem é e o que faz?
- Em que momentos você recebeu e deu o perdão?
- Entre nós, existe o perdão e o bem-querer?

Escutar – O que o texto está dizendo?
Canto de aclamação ao Evangelho
Ler Mt 18,21-22
- O que o texto está dizendo?
- Qual a pergunta que o discípulo Pedro faz para Jesus?
- Quantas vezes Jesus diz que se deve perdoar?

Meditar – O que o texto diz para mim?
- Como analiso a resposta de Jesus ao discípulo Pedro e como aplico essa mensagem em minha vida? Qual a importância de perdoar sempre? Quero, a exemplo de Pedro, receber com gratidão o perdão de meus pecados e ter coração generoso, para perdoar sempre as pessoas que me ofendem, como Jesus nos perdoa.

Rezar – O que o texto me faz dizer a Deus?
- Depois de ouvir a conversa de Jesus e Pedro, converse com Deus e fale de suas dificuldades em perdoar e peça-lhe que lhe conceda a graça de saber sempre perdoar.
(Momento de silêncio)

Oração individual: Meu Deus, eu me arrependo de todo o coração de vos ter ofendido, porque sois tão bom e amável. Prometo, com a vossa graça, nunca mais pecar. Meu Jesus, misericórdia!
- Todos rezam a oração do Pai-nosso.
- Ao terminar a oração, o catequista pronuncia pausadamente: "Perdoai-nos as nossas ofensas, assim como nós perdoamos a quem nos tem ofendido" (3x).

Contemplar – Olhar a vida como Deus olha
- A comunidade que vive a sua fé é uma comunidade que vive o amor, a misericórdia e o perdão de Deus. Repita mentalmente muitas vezes para gravar em seu coração: "Perdoai-nos as nossas ofensas, assim como nós perdoamos a quem nos tem ofendido".

Compromisso – O que a Palavra de Deus me leva a fazer?
- Leia para os seus pais e irmãos o que está na Carta aos Colossenses (Cl 3,2-15) e pergunte se eles conhecem outro texto bíblico que fale de perdão. Anote em seu caderno: livro, capítulo, versículo e o tema do texto bíblico que seus familiares indicaram e traga as anotações para o próximo encontro.
- Benção de despedida: Que o Deus do perdão, do amor e da misericórdia seja tua proteção. Vai em paz.

> **O que eu penso agora?**
> - Depois de todas as considerações construídas neste encontro, o que penso?
> - Todas as vezes que perdoo, o olhar compassivo de Deus se volta para mim. Vou dar e acolher o perdão, e reconhecer minhas faltas diante de Deus e das pessoas.

31º Encontro

Jesus veio para perdoar e salvar
"Vosso Pai que está no céu também vos perdoará" (Mt 6,14)

Fique ligado! Quando pecamos e nos arrependemos de coração sincero, somos perdoados. Deus nos concede seu perdão, e nossos pecados são diluídos pela misericórdia divina. Em toda a Bíblia, em especial nos Evangelhos, encontramos a prova da misericórdia de Deus, sempre pronto a perdoar e a reatar o amor com seus filhos e filhas. A gruta de Belém e o Calvário revelam claramente o amor misericordioso de Deus pela humanidade, "pois o Filho do Homem veio procurar e salvar o que estava perdido" (Lc 19,10). Essa gratuidade de Jesus em perdoar transparece nos ensinamentos da Igreja, nos conselhos e especialmente nas parábolas contadas por Jesus, a fim de que seus ouvintes entendessem melhor sua misericórdia, como, por exemplo, a do filho pródigo (Lc 15,11-32), a da ovelha perdida (Lc 15,4-7), a da mulher adúltera... Na época, aquela que cometesse adultério deveria ser julgada e condenada ao apedrejamento. O julgamento era feito por um grupo de homens, e geralmente os mais velhos começavam a atirar as pedras. Para Jesus, ninguém pode julgar e condenar, porque ninguém está livre de pecar. A pessoa, para Jesus, está acima de toda a lei. Jesus não disse que a mulher não tinha pecado, mas questionou a hipocrisia de quem estava julgando. Acusar o outro é atirar pedras.

Recordar – O que nossa vida está dizendo?
- Você já ficou indignado ao ler ou ouvir uma notícia de algum julgamento feito por alguém com má intenção?

Escutar – O que o texto está dizendo?
Canto de aclamação ao Evangelho
Dialogar o texto Jo 8,1-11
- Com o auxílio de sua Bíblia, os catequizandos dialogam o texto.
- Em seguida uma pessoa do grupo o relê.
- Aonde Jesus foi e para onde voltou ao amanhecer?
- Quem ia ao seu encontro? Por quê?
- O que fizeram os escribas e fariseus e o que disseram a Jesus?
- Por que fizeram isso?
- O que Jesus fez e disse?
- Qual a atitude dos escribas e fariseus?
- Como Jesus dialogou com a mulher?

Meditar – O que o texto diz para mim?
- Analise o texto e perceba a atitude compassiva de Jesus em ser misericordioso e perdoar.

– Ana, estou até sentindo raiva e sei que isto não é bom. Mas estou sentindo raiva dele.
– De quem, Marly, do Jonas? Você não estava de namoro firme com o Jonas?
– Eu? Veja, Ana. Ele namora comigo e está sempre com outras meninas. Então eu fico sabendo e brigo, brigo com ele! Então o Jonas vem pedir-me perdão. Eu perdoo, mas fico bem triste.
– Marly, ter amizade com todas é algo maravilhoso, mas namorar com todas é não ter responsabilidade e respeito com você. Entendo que você fique magoada – disse Ana.
– Ele não aprende, Ana, e eu tenho dificuldade em perdoar. Esses dias o encontrei com outra. Já viu como fiquei! Lá veio ele pedindo perdão.
- Confronte o texto bíblico com a conversa das duas amigas e medite sobre a importância de receber e dar o perdão.

Rezar – O que o texto me faz dizer a Deus?
- Após breve momento de silêncio, individualmente rezar: Meu Deus, eu me arrependo de todo o coração de vos ter ofendido, porque sois tão bom e amável. Prometo, com a vossa graça, esforçar-me para ser bom. Meu Jesus, misericórdia!
Após cada invocação repetir: **Senhor, tende piedade de nós.**
1. Pelas vezes que não usamos de misericórdia com os nossos semelhantes;
2. Pelas vezes que julgamos as pessoas sem saber o que se passa em seu coração;
3. Pelas vezes que, por proveito próprio, não nos comprometemos com a justiça;
Todos: Concedei-nos, Senhor, os dons do perdão e da paz, para que, purificados, vos possamos servir de coração tranquilo. Por Cristo, Nosso Senhor. Amém.

Contemplar – Olhar a vida como Deus olha

- Vou contemplar a dimensão do amor vivido e pregado por Jesus, um amor misericordioso e compassivo de Deus com a mulher pecadora e perceber que ele tem essas mesmas atitudes cada vez que eu luto para evitar o pecado.

Compromisso – O que a Palavra de Deus me leva a fazer?

- Todas as noites, vou concentrar-me, rever as virtudes boas que pratiquei no decorrer do dia e perceber o bem que deixei de realizar. Em seguida vou rezar o ato de contrição.

> **O que eu penso agora?**
> Depois de todas as considerações que surgiram no decorrer deste encontro, o que penso?
> - Qual a importância de perdoar?
> - Como podemos sentir o perdão de Deus em nossas vidas?
> - Vou prestar atenção e perdoar sempre que houver necessidade.

32º Encontro

O perdão nos dá vida nova
O perdão que damos e recebemos nos dá vida nova

Fique ligado! Deus Pai revela sua misericórdia, confirma que o ser humano está acima de todas as coisas e quer salvá-lo e fazê-lo feliz. O ato de perdoar o próximo nos ensina um novo jeito de viver. A nossa capacidade de perdoar depende de nossa capacidade de amar. Quanto mais decidimos amar as pessoas, mais poderemos perdoar as suas falhas, mesmo as que se repetem sempre, pois o perdão faz bem tanto para aquele que o recebe quanto para o que o dá. O ser humano precisa, na verdade, de um silêncio interior, de uma pausa para pensar em suas próprias atitudes, gestos e palavras diante da vida. Assim, a pessoa pode evoluir em todos os aspectos da vida: pessoal, profissional, emocional, mental e, principalmente, espiritual. É necessário conhecer nossos erros, corrigindo-os por meio do sacramento da reconciliação, oferecido pela Igreja, mediante a confissão. Na confissão é necessário seguir os seguintes passos:

1. Exame de consciência – examinar nossa vida e perceber nossas falhas (Lc 15,17).
2. Arrependimento – reconhecer humildemente os pecados e os erros que fizemos. Sentir pesar pelos erros, pedir perdão e ter vontade de mudar (Lc 15,18).
3. Bom propósito – decisão de mudar de vida e fazer algo para reparar o mal (Lc 15,10).
4. Confissão – acusação dos próprios pecados e humilde pedido de perdão a Deus (Lc 15,21).

5. Penitência – gestos e palavras de perdão que o sacerdote dá em nome da Igreja.
6. Cumprir o que o sacerdote pede (orações ou alguma ação concreta) (Lc 15,22-24). Rezar o ato de contrição, que pode ser a oração que segue ou outra: Meu Deus, eu me arrependo de todo o coração de vos ter ofendido, porque sois tão bom e amável. Prometo, com a vossa graça, esforçar-me para ser bom. Meu Jesus, misericórdia!

A confissão é o sacramento da misericórdia de Deus. Ela nos oferece gratuitamente o perdão. Deus quer que o pecador viva e se converta. Ele é Pai bondoso, generoso, que compreende, perdoa e nunca nos esquece.

Recordar – O que nossa vida está dizendo?
- Você já viu em alguma reportagem de TV ou em algum filme pessoas que não sabem dar e receber o perdão?

Escutar – O que o texto está dizendo?
Canto de aclamação ao Evangelho
O texto pode ser dialogado: Lc 15,11-32
- Em seguida um catequizando relê o texto.
- Que fez o filho mais novo?
- Qual foi a atitude do pai com o filho mais novo?
- O que aconteceu com o filho mais novo?
- Qual foi a atitude do pai quando ele voltou?
- Como agiu o filho mais velho?
- O que o pai respondeu?
- Qual a ideia principal presente nesse texto?

Meditar – O que o texto diz para mim?
- Que sabedoria de vida posso aprender com a parábola do filho pródigo?
- Deus é Amor (1Jo 4,8). Ele deseja perdoar-nos. Ele se alegra quando lhe pedimos perdão. No amor supremo de Deus, não há espaço para o rancor. A confissão é um presente de Deus para tornar mais concreta a sensação de sentir-se perdoado, de recomeçar, de brilhar como luz do mundo.

> **Perceba!**
> O dinamismo da conversão e da penitência foi maravilhosamente descrito por Jesus na parábola do "filho pródigo", cujo centro é "o pai misericordioso que mostra como retornar ao lar, receber o amor e o perdão de nosso Pai celestial, e viver em harmonia com ele".

Rezar – O que o texto me faz dizer a Deus?
- As invocações que seguem podem ser rezadas alternamente e todos repetem: Pai, espera por mim!

Oração: Pai, tu que me entregaste toda riqueza do teu Reino e todo amor do teu coração, não percas a paciência comigo, e se eu acabar virando filho pródigo, ingrato e esquecido de tua bondade;
1. Quando eu ficar cansado de mim mesmo por não apreciar o dom da vida que me deste;

2. Quando eu preterir a tua amizade, a tua graça e a aliança que assinaste comigo no sangue de Cristo por prazeres que jamais poderão substituir a beleza do teu amor;

3. Quando os falsos amigos se dispersarem e me abandonarem numa estrada de amargura;

4. Quando meus sonhos de prazer e de grandeza se desfizerem e eu ficar na solidão, na presença apenas de mim mesmo e com medo de enfrentar o futuro;

5. Quando o desespero levar-me à desonestidade, à droga, à violência;

6. Quando eu me decidir a levantar, arrependido de meus desvios e com saudade de tua casa, que nunca deixou de ser minha;

7. Quando o desejo apaixonado de teu abraço invadir o meu coração e eu, apesar de minha ingratidão, for cobrar o beijo do teu perdão e da tua misericórdia;

Todos: Espera por mim, Pai, porque eu voltarei!

Contemplar – Olhar a vida como Deus olha

- Vou colocar-me nas mãos de Deus e, a exemplo do filho pródigo, conversar com Deus em meu coração, contando minhas faltas e me sentindo amado por ele.

Compromisso – O que a Palavra de Deus me leva a fazer?

- A partir da parábola do filho pródigo, em duplas, realizar durante a semana uma das atividades que seguem:

1. Criar uma notícia para o blogue.

2. Partindo da inspiração da parábola do filho pródigo, elaborar uma poesia, uma música *rap* ou outra forma poética contada ou historiada do filho pródigo, para publicar no blogue.

3. Fazer comentários para o *twitter* referentes à importância do perdão e o cuidado com a vida.

> **O que eu penso agora?**
> Depois de todas as considerações construídas neste encontro, o que penso?
> - A confissão é o sacramento da misericórdia de Deus.
> - Qual a importância de confessar os pecados?
> - Como posso sentir-me perdoado por Deus?

33º Encontro

Crisma, sacramento da maturidade cristã
"Eu coloquei você como luz para as nações, para que leve a salvação até aos extremos da terra" (At 13,47)

Fique ligado! Os dons são qualidades para viver bem com Deus e com o próximo. Pela força de Deus, somos chamados a crescer na maturidade da fé. Essa força de Deus é o Espírito Santo agindo em nós, que exige um cultivo progressivo na vida de fé, num autêntico crescimento e seguimento de Jesus na comunidade cristã. O Espírito Santo, recebido no batismo, é dado novamente ao cristão na crisma, para fortalecê-lo em sua caminhada no amadurecimento da fé, para ser apóstolo de Jesus Cristo, defender e difundir a fé cristã. É a crisma que confirma o resultado de uma opção consciente do crismando na vida cristã, em função daquilo que ele recebeu no seu batismo, quando foi introduzido na comunidade cristã. Pelo batismo, recebemos o Espírito Santo e nos tornamos filhos de Deus. O sacramento da confirmação tem o sentido de consolidar, firmar o cristão na fé. A pessoa crismada, marcada pelo sacramento da crisma, permanece unida à Igreja estreitamente e é convidada a difundir e defender a fé por palavras e atos, como verdadeira testemunha de Jesus Cristo. No Primeiro Testamento, em Isaías lê-se: "Repousará sobre ele o Espírito do Senhor, Espírito de sabedoria e discernimento, Espírito de conselho e fortaleza, Espírito de conhecimento e temor do Senhor" (Is 11,2-3). O bispo marca o crismando na fronte com um sinal – o sinal da cruz, dizendo: "(nome do crismando), recebe por este sinal, os dons do Espírito Santo".

Reflexão sobre os Dons do Espírito Santo
Is 11,1-3

a) **Sabedoria**. Ela nos leva ao verdadeiro conhecimento de Deus e a buscar os reais valores da vida. O homem sábio ou a mulher sábia é aquele(a) que pratica a justiça, tem um coração misericordioso, ama intensamente a vida, porque a vida vem de Deus.

b) **Inteligência**. Este dom nos leva a entender e a compreender as verdades da salvação, reveladas na Sagrada Escritura e nos ensinamentos da Igreja. Deus é Pai de todos; em Jesus, Filho de Deus, somos irmãos.

c) **Ciência.** A capacidade de descobrir, inventar, recriar formas, maneiras para salvar o ser humano e a natureza. Suscita atitudes de participação, de luta e de ousadia, diante da cultura da morte.

d) **Conselho**. É o dom de orientar e ajudar a quem precisa. Ele permite dialogar fraternalmente, em família e comunidade, acolhendo o diferente que vive em nosso meio. Esse dom capacita a animar os desanimados, a fazer sorrir os que sofrem, a unir os separados.

e) **Fortaleza**. É o dom de tornar as pessoas fortes, corajosas para enfrentar as dificuldades da fé e da vida. Ajuda os jovens a ter esperança no futuro, os pais a assumirem com alegria seus deveres, as lideranças a perseverarem na conquista de uma sociedade mais fraterna.

f) **Piedade**. É o dom da intimidade e da mística. Coloca-nos numa atitude de filhos buscando um diálogo profundo e íntimo com Deus. Acende o fogo do amor: amor a Deus e amor aos irmãos.

g) **Temor de Deus**. Esse dom nos dá a consciência de quanto Deus nos ama. "Ele nos amou antes de tudo". Por isso, precisamos corresponder a esse amor.

Esses dons se transformam em fraternidade, solidariedade, justiça. Por meio da vivência comunitária nos grupos de reflexão, de oração, estudo bíblico, na participação das celebrações dominicais e na prática da caridade.

Recordar – O que nossa vida está dizendo?
- Você já observou a reação de alguém que está às vésperas de um acontecimento importante? Como se prepara para o acontecimento?

Escutar – O que o texto está dizendo?
Canto de acolhida da Palavra
Ler Rm 8,9-13
- O que Paulo diz a respeito do Espírito de Deus na Carta aos romanos?
- Quais as considerações a respeito da presença do Espírito de Cristo em nós?

Meditar – O que o texto diz para mim?
- Como permito que o Espírito Santo me fortaleça na caminhada para que eu amadureça na fé e seja apóstolo de Jesus Cristo?

Rezar – O que o texto me faz dizer a Deus?
Catequista: Ao receber o Espírito Santo, nós nos abrimos inteiramente à graça sacramental e o próprio Deus se serve de nós como instrumento e age em nós. Por isso necessitamos pedir ao Espírito

de Deus os seus dons (apresenta a caixinha, contendo os dons). Cada catequizando retira dela um dom, sobre o qual faz sua oração e, em seguida, o lê em voz alta.

Oração: Vinde Espírito Santo e dai-nos o dom da *Sabedoria*, para que possamos avaliar todas as coisas à luz do Evangelho, ler nos acontecimentos da vida os projetos de amor do Pai.
Dai-nos o *Entendimento*, uma compreensão mais profunda da verdade, a fim de anunciarmos a salvação com maior firmeza e convicção.
Dai-nos o dom do *Conselho*, que ilumina a nossa vida e orienta a nossa ação segundo vossa Divina Providência.
Dai-nos o dom da *Fortaleza*, sustentai-nos no meio de tantas dificuldades, fortalecendo-nos para que, com coragem, possamos anunciar o Evangelho.
Dai-nos o dom da *Ciência*, para distinguir o único necessário, das coisas meramente importantes.
Dai-nos *Piedade*, para reanimar sempre mais nossa íntima comunhão convosco e, finalmente, dai-nos vosso santo *Temor*, para que, conscientes de nossas fragilidades, reconheçamos a força da vossa graça. Vinde, Espírito Santo, e dai-nos um novo coração. Amém! (Inspirada na Carta de João Paulo II aos sacerdotes do mundo inteiro por ocasião da Quinta-feira santa de 1998).

Contemplar – Olhar a vida como Deus olha

- Em atitude de reflexão vou contemplar o espírito de Deus agindo em mim e purificando meu ser. Vou colocar-me nas mãos de Deus e dizer:
- O Espírito de Deus repousa sobre mim. Enviou-me a dilatar o seu reinado no mundo.
- Levar a Boa-nova aos pobres do Senhor, levar consolação aonde haja pranto e dor.
- Aos cegos, dar a luz, a eterna salvação. Aos presos, libertar da escravidão.
- O Espírito de Deus repousa sobre mim. O Espírito de Deus me deu sabedoria.
- O Espírito de Deus enviou-me a proclamar o Reino da justiça, do amor e da alegria.
- O Espírito de Deus enviou-me a proclamar o Reino da amizade, da paz e da harmonia (Frei Hermano da Câmara).

Compromisso – O que a Palavra de Deus me leva a fazer?

- Durante a semana vou ler várias vezes o dom e a citação bíblica que recebi e elaborar uma oração, pedindo a Deus que fortaleça em mim esse dom.
- Faça uma oração ao Espírito Santo, pedindo-lhe os sete dons. Reze a referida oração com a família.
- Poderia publicar essa oração no blogue do grupo?

O que eu penso agora?
- Depois de todas as considerações construídas neste encontro, o que penso?
- Na Igreja, a experiência de vida de fé é celebrada no sacramento da crisma. O Espírito Santo, recebido no batismo, é dado novamente ao cristão na crisma, para fortalecê-lo em sua caminhada no amadurecimento da fé. A crisma é o sacramento da maturidade cristã.

34º Encontro

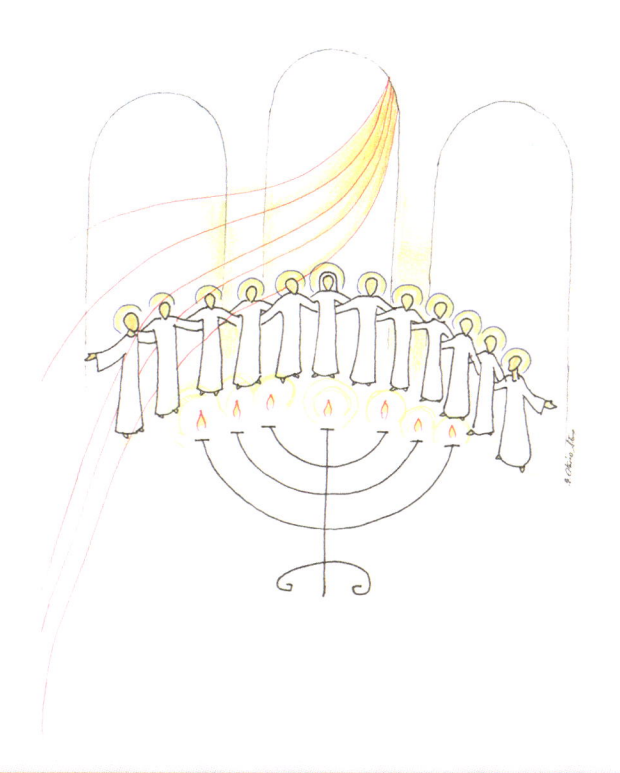

Descerá sobre vós o Espírito Santo e sereis minhas testemunhas
"Recebei o Espírito Santo" (Jo 20,22)

Fique ligado! Jesus, ao deixar este mundo, fez uma promessa e um convite: "Descerá sobre vós o Espírito Santo, que vos dará força, e sereis minhas testemunhas até os confins do mundo" (cf. At 1,8). Essa promessa de Jesus significa que o Espírito Santo dará a força necessária para continuar no mundo a missão de Jesus. Os apóstolos e muitos outros seguidores, ao receberem o Espírito Santo, encheram-se de coragem e partiram para o anúncio do Evangelho a todos os povos, testemunhando, pela sua prática, a fé em Jesus e o anúncio dos seus ensinamentos. Muitos, verdadeiros mártires, deram sua vida, derramaram seu sangue para testemunhar sua fé em Jesus. A pessoa que aceita o Espírito Santo sente-se impelida a buscar o bem comum, defender os fracos e necessitados, criar maneiras para que a vida seja digna para todos, promover a justiça, construir a paz, viver no seguimento de Jesus e testemunhar a fé. Isso requer do jovem um coração firme na fé e generosidade para ser testemunha de Jesus no ambiente onde vive. Veja o que diz a história que segue:

Dois amigos

– Pois é, Igor, às vezes eu penso que tudo isso é muito bonito, mas não é para mim!
– Como assim, Arthur?
– Sei lá, cara, tudo o que aprendemos nos encontros da crisma é muito legal, mas eu não vou conseguir ser um cristão católico perfeito.
– Será, Arthur? Será que Deus iria pedir-nos algo além das nossas possibilidades?
– Ih, Igor, você até pode. É um cara legal, é todo da Igreja. Acho até que você vai tornar-se santo, mas eu não, cara! Eu sou do jeito que eu sou.
– Não, Arthur! Primeiro, porque sou diferente de você e, depois, porque eu não acredito que Deus peça para nós, seres humanos e imperfeitos, o impossível.
– Então não sei, cara, não sei...
Igor e Arhtur discutem um tema sobre o qual falaremos neste encontro.

- **O que você pensa de Igor?**
- **O que você diria para Arthur?**

Recordar – O que nossa vida está dizendo?

- Em duplas conversar sobre uma das palavras (alegria, sinceridade, justiça, diálogo, partilha, honestidade, humildade, paciência, fé, modéstia e bondade) e responder: Como é possível testemunhar na vida o que a palavra lhe evoca? Partilhar no grande grupo o que as palavras sugeriram.
- Você conhece alguma história semelhante à de Igor e Arthur?
- Conhece pessoas na comunidade – escola, família –, que dão testemunho, segundo o que sugeriram as palavras que acabamos de analisar?

Escutar – O que o texto está dizendo?

Canto de acolhida da Palavra
Ler At 1,6-8

- O que os discípulos perguntaram a Jesus?
- O que Jesus respondeu?
- Qual a palavra ou frase do texto que lhe chamou atenção?
- O que o texto fala sobre a descida do Espírito Santo?

Meditar – O que o texto diz para mim?

- Mediante a mensagem do texto, quero implorar a presença do Espírito Santo, para superar minhas angústias e medos.

Perceba!

O número "sete" na Bíblia tem sentido de infinito. Os dons do Espírito são estes sete e outras formas que Deus usa para se manifestar em nossa vida, nos pequenos acontecimentos, num gesto ou palavra. Quando pedimos um novo coração, pedimos que a pessoa do Espírito habite em nós. Estamos pedindo sua presença! Isso nos faz ter um novo sentido de vida e um novo coração.

Rezar – O que o texto me faz dizer a Deus?

- Permanecer um instante em silêncio e sentir a presença de Deus.
- Fale ao Espírito Santo do seu desejo de ser testemunha de Jesus, por uma vida de fé coerente.

Oração: Vem, Santo Espírito, enche os corações de teus fiéis.
Vem agora fazer-nos felizes.
Tu vieste para que, com teu auxílio, pudéssemos inserir-nos na esperança da glória dos filhos de Deus.
Vem de novo, para que possamos também gloriar-nos na posse desta vida.
A ti cabe confirmar, consolidar, aperfeiçoar e levar a bom termo nossa existência.
O Pai nos criou, o Filho nos resgatou, cabe a ti ensinar-nos toda a verdade e levar-nos ao sumo bem, à visão do Pai, à abundância de todas as alegrias eternas. Amém!

Contemplar – Olhar a vida como Deus olha

- A mensagem que Jesus dirigiu aos discípulos: "O Espírito Santo descerá sobre vocês e dele receberão força para serem minhas testemunhas". É também dirigida a mim para que eu dê testemunho de alegria, sinceridade, justiça, diálogo, partilha, honestidade, humildade, paciência, fé, modéstia, bondade.

Compromisso – O que a Palavra de Deus me leva a fazer?

- Procure na internet o site **www.servidoresdoaltar.org.br/2012/05/veni-creator-spiritus.html**. Para expressar a alegria pela presença do Espírito Santo, vou meditar o hino *Veni Creator Spiritus*, que significa "Vem, Espírito criador".
Em meu cotidiano como posso assumir como compromisso para minha vida as palavras: "O Espírito Santo descerá sobre vocês e sereis minhas testemunhas".

O que eu penso agora?
Depois de todas as considerações construídas neste encontro, o que penso?
- Como ser testemunha de Jesus?
- Ser cristão é para todos? Por quê?

35º Encontro

O Espírito de Deus nos unge e nos envia
"Vem, Espírito Santo, paira, sopra, unge e faze de mim uma obra bela, harmoniosa, uma nova criatura" (cf. Sl 18,29)

Fique ligado! O que significa a crisma? O que acontece na cerimônia da crisma? Que símbolos e gestos estão envolvidos na crisma e o que significam?

"Crisma" é uma palavra grega que significa "óleo de ungir". Crismar é o ato de ungir com óleo sagrado a fronte do crismando, que se torna ungido, ou seja, enviado (cf. CIC, n. 1289). No Primeiro Testamento, a unção simbolizava força, poder, cura, saúde, alegria, bom odor, beleza, consagração. Samuel ungiu Saul como rei de Israel (1Sm 9,25-10,1) e o pequeno Davi (1Sm 16,13).

A palavra "Cristo" significa "ungido," que quer dizer enviado, pois Cristo é o enviado do Pai para a nossa salvação. Na crisma, dizemos com consciência: Quero ser Filho de Deus e assumir a minha missão de evangelizar. O perfume do óleo usado na crisma significa que o cristão deve "exalar o bom odor de Cristo", ou seja, testemunhar Jesus Cristo, sendo alguém de perfume agradável no viver (cf. 2Cor 2,14-16). Ser ungido é ser marcado com o selo, com o sinal da cruz, significando que o cristão pertence a Cristo (cf. Ef 1,13; 4,30). O óleo é ainda sinal de abundância, de alegria, de purificação, de cura, de fortalecimento e de reconforto (cf. Sl 133 [132]). No dia da crisma, o bispo impõe as mãos sobre os crismandos e faz a invocação do Espírito Santo. A imposição das mãos é o gesto bíblico pelo qual o dom do Espírito Santo é comunicado (cf. At 6,6-7; 8,14-17; 19,1-6). O bispo faz o sinal da cruz na fronte do crismando, dizendo: "N., recebe, por este sinal, o Espírito Santo, dom de Deus!" O crismando responde: "Amém!" O bispo ainda diz: "A paz esteja contigo!" O crismando responde: "E contigo também!"

Ser ungido é ser marcado com o selo, com o sinal da cruz, significando que o cristão pertence a Cristo (cf. Ef 1,13; 4,30). A unção é também sinal de consagração, pois o ungido é o enviado que deve realizar a missão de Jesus. Como os atletas e lutadores eram ungidos com óleo, o crismado deve ser atleta e soldado de Jesus Cristo. O óleo é ainda sinal de abundância, de alegria, de purificação, de cura, de fortalecimento e de reconforto.

> **Perceba!**
> São efeitos do sacramento da crisma:
> - o aumento da graça santificante;
> - a graça sacramental específica, cujo efeito próprio são os 7 dons;
> - o aprofundamento do caráter (marca) na alma, que identifica o soldado de Cristo no combate contra o mal.

Recordar – O que nossa vida está dizendo?
- Apresentar a gravação de uma das crismas da comunidade ou gravuras e fotos referentes à celebração de uma crisma.
- O que mais lhe chamou atenção na apresentação do vídeo e/ou nas figuras e fotos?

Escutar – O que o texto está dizendo?
- Um catequizando ergue a bíblia, enquanto todos entoam o canto de aclamação.
  Canto para aclamar o Evangelho
  Ler Lc 4,14-21
- De quem o texto está falando?
- Aonde Jesus foi em um dia de sábado e o que fez?
- O que estava escrito no livro?

Meditar – O que o texto diz para mim?
- A unção significa escolha, predileção por parte de Deus, templo do Espírito Santo, testemunhas de Jesus Cristo, enviados para realizar a missão de Jesus. Na Sagrada Escritura, encontramos a unção de reis, sacerdotes e profetas para serem instrumentos na condução do povo e na missão de defender o direito e a justiça. Mediante os gestos e os símbolos da crisma, o que posso assumir como crismado em minha vida e na vida da comunidade?

Rezar – O que o texto me faz dizer a Deus?
- Em silêncio, vou louvar a Deus pelas boas obras que consigo realizar.
  Rezar juntos o texto de Lc 4,18-19.

Contemplar – Olhar a vida como Deus olha

- Vou colocar-me nas mãos de Deus e deixar que ele me nomeie para ser sua testemunha, sob as graças do Espírito Santo.
- A crisma deve ocorrer quando alguém deseja conscientemente, de vontade própria, assumir o compromisso da vida cristã na Igreja. Então, a pessoa se abre para que Deus derrame nela a sua unção pelo Espírito Santo.

Compromisso – O que a Palavra de Deus me leva a fazer?

- Mediante o Espírito Santo posso anunciar a Boa-nova, ser membro vivo da Igreja. Guiado pelo Espírito Santo, procurarei servir a todos, à semelhança de Jesus que veio para servir e não para ser servido (cf. RICA, n.118)
- Postar no blogue o significado dos gestos e palavras usados na crisma.

> **O que eu penso agora?**
> Depois de todas as considerações construídas neste encontro, o que penso?
> - Pelo batismo vou receber uma nova vida e me tornar membro de Cristo.
> - Resta-me agora receber o Espírito Santo, que foi envidado pelo Pai, assim como aconteceu com os apóstolos no dia de Pentecostes.

MISTAGOGIA

36º Encontro

O "Selo do Espírito": somos consagrados
"Sabemos que estamos nele e ele em nós, por nos haver dado seu Espírito" (1Jo 4,13)

Fique ligado! Deus marcou-nos com o seu selo e colocou em nossos corações o penhor do Espírito (cf. 2Cor 1,21-22). Este selo do Espírito Santo marca a pertença total a Cristo, a mobilização para o seu serviço para sempre, mas também a promessa da proteção divina. O batismo, a confirmação e a eucaristia constituem o conjunto dos "sacramentos da iniciação cristã, cuja unidade deve ser salvaguardada. Nascidos para a vida da graça pelo batismo, é pelo sacramento da crisma que recebemos a maturidade da vida espiritual. Ou seja, somos fortalecidos pelo Divino Espírito Santo, que nos torna capazes de defender a nossa fé, de vencer as tentações, de procurarmos a santidade com todas as forças da alma. A confirmação imprime na alma um caráter espiritual, um selo indelével; é por isso que só se pode receber este sacramento uma vez. Esse caráter abre-nos mais à ação do Espírito Santo, permite-nos crescer na relação filial com o Pai, enraíza-nos mais profundamente na Igreja, dá-nos luz, força e amor para viver e testemunhar Jesus Cristo no cotidiano. De tal forma é a disposição da pessoa crismada, que os que dela se aproximam podem distinguir: aqui está um cristão que fala e age como tal (cf. CIC, n.1303). Pela confirmação, sacramento da maturidade cristã, o batizado assume, de forma consciente, sua fé e reafirma o compromisso de se tornar, pelo próprio esforço e pela graça de Deus, uma "nova criatura" (Gl 6,15).

Recordar – O que nossa vida está dizendo?
- Escrever em uma bandeirinha, antecipadamente planejada, uma mensagem de afeto e ânimo para um colega de turma, que tem a bandeirinha com o número correspondente. Cada um lê para a turma a mensagem recebida. Após cada anúncio, cantar um refrão com mensagem de amizade, perseverança, vitória, alegria...

Escutar – O que o texto está dizendo?
Canto de acolhida da Palavra
Ler 2Tm 2,19
- O que Paulo escreveu a Timóteo?
- O que o texto diz a respeito do selo?
- Quais os conselhos que Paulo profere?

Meditar – O que o texto diz para mim?
- Vou considerar o que eu posso assimilar do texto para minha vida.

> **Perceba!**
> Consagração é também uma decisão de reservar-se para Deus, para o Sagrado. Colocar um selo era uma ação que na antiguidade significava, sobretudo, marcar, separar. Até hoje, é comum os vaqueiros selarem (ou marcarem) o gado. Desse modo, fica claro que aquele boi ou aquela vaquinha tem dono, não são animais comuns. Também, as nações, diante de um evento importante, erguem monumentos, como marcos que separam esse acontecimento dos outros dias e fatos comuns. Como selados por Deus, somos separados ou reservados para viver a plenitude da vida que Cristo deseja para nós.

Rezar – O que o texto me faz dizer a Deus?
- Com os olhos fechados, vou louvar a Deus porque ele me marcou com seu selo e colocou em meu coração a garantia do Espírito.

Oração: É nosso dever e salvação
dar-vos graças, sempre em todo o lugar,
Senhor, Pai santo,
Deus eterno e todo-poderoso,
por Cristo, Senhor nosso.
No batismo, nos concedeis o dom da fé,
fazendo-nos participantes
do Mistério Pascal de vosso Filho.
Pela imposição das mãos
e a unção real do crisma,
confirmais-nos com o selo do Espírito Santo,
para celebrar o milagre de Pentecostes.
Ungidos pelo Espírito,
alimentados no banquete eucarístico,

tornamo-nos imagens do Cristo Senhor,
para anunciar ao mundo a certeza da salvação,
e dar, na Igreja, o testemunho da fé redentora.
Reunidos, aqui,
reconhecemos em vós a fonte de todo o bem
e o fundamento de nossa paz.
Enquanto esperamos a plenitude eterna,
proclamamos a vossa glória (prefácio da missa da crisma).

Contemplar – Olhar a vida como Deus olha
- Vou lembrar o momento em que recebi a unção do crisma e me sentir criatura amada, marcada, selada por Deus.

Compromisso – O que a palavra de Deus me leva a fazer?
- Com uma das ferramentas da mídia, vou enviar, a todos os meus colegas crismados uma mensagem de ânimo, esperança e de parabéns pela crisma.

  Podemos preparar como grupo um fotoblogue do evento da crisma? Podemos divulgar tais fotos no *facebook*, *Instagram* e outros espaços virtuais?

> **O que eu penso agora?**
> Depois de todas as considerações construídas neste encontro, o que penso?
> Os sacramentos são sinais concretos da presença do Reino de Deus. "Deus nos fortalece e nos unge em Cristo. Na crisma nos marcou com um selo e colocou em nossos corações o penhor do Espírito" (cf. 2Cor 1,21-22). Este selo do Espírito Santo marca a pertença total a Cristo, a mobilização para o seu serviço para sempre, mas também a promessa da proteção divina.

Autenticidade cristã na era da tecnologia
Os meios de comunicação são eficazes quando contribuem para favorecer a vida das pessoas e a evangelização.

Fique ligado! O papa emérito Bento, ao falar do Dia Mundial da Comunicação, convidou os jovens para fazer bom uso da *internet* e falou também dos perigos que podem acontecer, caso seja usada de forma irresponsável e sem critérios maduros e críticos. O estilo cristão digital deve ser honesto, aberto, responsável e respeitoso. Aqui entra a comunicação do Evangelho, que supõe testemunho, coerência, escolhas e preferências.

Rafael estava sempre navegando pela *internet*: em *sites* de relacionamentos, bate-papo *online*, *chats*, fóruns, jogos, *e-mails*. Ficou tão viciado que praticamente não saía mais de casa. Não participava de festas de aniversário e deixou até de ir ao estádio de futebol. Muito preocupada com o comportamento do filho, sua mãe proibiu o uso do computador. Rafael passou, então, a frequentar uma *lan house* que ficava próxima à sua escola. Foi lá que ele conheceu Igor, que era coordenador de um grupo de jovens da sua paróquia e que tinha uma proposta de usar o computador como instrumento de estudo, oração e ação. Hoje Rafael continua usando a *internet*, mas tem um grande círculo de amigos, e todos participam de movimentos humanitários. (Fonte: CNBB, CF 2013).

- Como os jovens de hoje fazem uso da *internet*?
- Você concorda que a internet pode ajudar-nos a ser pessoas comunicativas, criar grande círculo de amigos, evangelizar e fazer o bem?
- Você acha inteligente que o jovem na atualidade necessite contrariar padrões de comportamento que certos jovens acham normal, "maneiro", se quiser realmente caminhar na direção dos valores anunciados por Jesus?

Temos que estar atentos às maldades contidas no mundo digital, às inverdades, que são transmitidas com tanta facilidade. Cabe perguntar se, apesar de o jovem lidar com as novas tecnologias e suas ferramentas, principalmente a *internet*, de forma tão dinâmica, terá estrutura e maturidade suficientes para ir além do caminhar na busca de informações. Ao navegar por *links*, *sites*, hipertextos etc., saberá o jovem diferenciar o certo do errado? Terá sabedoria para realizar suas escolhas, selecionar as informações com equilíbrio, de forma a norteá-lo para uma autonomia verdadeira? Percebeu-se em todas as pesquisas uso significativo da *internet*, das mídias digitais e suas ferramentas, tanto para pesquisas escolares como para entretenimento: MP3, *website*, salas de bate-papo, pesquisas diversas, participação em votação de programas etc. Os meios de comunicação permitem transmitir para além-fronteiras a mensagem de Jesus Cristo, a qual é de grande importância para a humanidade, e, quando utilizados com responsabilidade, mantêm a tranquilidade e a paz na família e na sociedade, como narra o conto que segue.

Recordar – O que nossa vida está dizendo?

Apresentar o fato que segue:

1. Faz o papel de narrador.
2. Uma catequizanda representa Karoline.
3. Um catequizando representa o pai de Karoline.

> 1) Os pais de Karoline se encontravam no salão do clube, onde, orgulhosos, preparavam-se para receber os convidados para a festa de 15 anos dela. Como Karoline estava demorando para chegar, um telefonema esclareceu o mal-entendido.
> 2) – Alô, pai, onde vocês estão?
> 3) – Eu e sua mãe estamos aqui no salão, filha, conforme combinamos. E você, onde está?
> 2) – Aqui na porta do salão, pai!
> 3) – Mas onde? Em que porta?
> 2) – Na porta do salão de beleza, pai, onde eu disse que, ao estar arrumada, esperaria por vocês.

- Revendo o acontecido, o que ajudou a tranquilizar Karoline e seus pais?
- Qual a importância da tecnologia na evangelização?
  Canto para aclamar o Evangelho
  Ler Mc 4,1-9

Escutar – O que o texto está dizendo?

- O que o texto está narrando?
- Quais as personagens que aparecem no texto?

- Que recurso Jesus usou para evangelizar?
- O que Jesus disse à multidão?

Meditar – O que o texto diz para mim?

- Com o auxílio do discurso de Jesus, vou deixar cair em meu coração a Boa-nova do Reino e propagar o Evangelho, fazendo bom uso da tecnologia.

Rezar – O que o texto me faz dizer a Deus?

Oração: Senhor, nós vos damos graças pelas ferramentas tecnológicas que nos ajudam a comunicar vossa Palavra. Iluminai as pessoas que acessam nossas páginas em busca de apoio e auxílio para servir melhor às suas comunidades.
Protegei quem se dispõe a enriquecer nosso blogue, com suas contribuições.
Abençoai as pessoas que nos visitam e fazem deste blogue um verdadeiro instrumento de formação de evangelizadores e de educadores na fé.
Que o sol do vosso amor aqueça todos os corações, para a glória do vosso Reino.
Isto vos pedimos, por intercessão de Maria, nossa mãe comunicadora da fé. Amém!

Contemplar – Olhar a vida como Deus olha

- Vou deixar que as palavras de Jesus penetrem em meu coração e, cheio de fé, evangelizar, fazendo bom uso da cibernética.

Compromisso – O que a Palavra de Deus me leva a fazer?

- Elaborar um texto referente ao bom uso da *internet*, para postá-lo no blogue da turma, com mensagens relativas a critérios adotados para usar, de forma responsável, as mídias digitais e suas ferramentas, com o propósito de evangelização e aprofundamento dos conteúdos mistagógicos, das pesquisas escolares e do entretenimento.
- Postar no blogue do grupo comentários sobre o encontro.

> **O que eu penso agora?**
> Depois de todas as considerações construídas neste encontro, o que penso?
> - Quais os cuidados que devo ter ao navegar por *links*, *sites*, hipertextos?
> - Que sabedoria devo usar para realizar as escolhas, selecionar as informações com equilíbrio, de forma a norteá-las para uma autêntica adesão aos valores cristãos?

38º Encontro

Identidade, vocação e projeto de vida
A importância de ter um projeto de minha vida

Fique ligado! O desejo, o querer construir um projeto de vida remete a pessoa a olhar modelos, a identificar-se, a inspirar-se em alguém, a seguir seu próprio modo de ser. O modelo, a inspiração, o modo de ser do jovem cristão é Jesus Cristo. Ele é o referencial de todo o cristão.

O modo de ser de Jesus, a consciência de sua missão, seu carinho e atenção à vontade do Pai, seus ensinamentos e seu extremo amor ao dar a própria vida para nos libertar e salvar é o modelo, a luz que mostra e direciona a construção de um projeto de vida. Pensar em projeto de vida pode ser comparado a alguém que deseja construir uma casa ou realizar algum evento. Jesus mesmo disse que é preciso colocar um bom fundamento, para que a casa não caia a qualquer vento (Mt 7,24-25). Na Primeira Carta aos Coríntios, encontramos: "Ninguém pode colocar um alicerce diferente daquele que foi posto, Jesus Cristo" (1Cor 3,11). Isso significa que é preciso fazer da Palavra de Deus fundamento e alicerce de todo o projeto de vida e ter Jesus Cristo, Palavra viva de Deus, como referencial.

> Ser cristão significa seguir os ensinamentos de Jesus.
> O cristianismo é um projeto de vida.

Algumas indicações são importantes para construir um projeto de vida: conhecer a si mesmo, seus próprios valores, tendências, gostos, qualidades e também limites e dificuldades; buscar na oração o discernimento das escolhas que a pessoa pode fazer; e assumir a sua própria história de vida.

Existem situações que somos desafiados a ultrapassar e que são oportunidades de formar nossa identidade e alicerçar um projeto de vida. É importante exercitar pequenas renúncias para fortalecimento de nossa vontade e tomada de decisões, visando sempre à prática do bem. É o que nos sugere a seguinte história:

Recordar – O que nossa vida está dizendo?

Maria Eduarda, que sempre estudou em escola pública, um dia ficou sabendo de um curso voltado para formação de jovens protagonistas. Aos poucos, foi descobrindo sua habilidade de falar em público e ajudar os outros. Organizou uma equipe, elaborou um projeto de Teatro Solidário: Elaboraram peças teatrais interessantes e que eram apresentadas em espaços diversos. O acesso ao teatro era um quilo de alimento não perecível. Com essa arrecadação, Maria Eduarda e os colegas fizeram cestas básicas que foram distribuídas para pessoas carentes da comunidade. Um empresário, vendo o projeto de Maria Eduarda e sua equipe, convidou-a para ser estagiária em sua empresa. Hoje Maria Eduarda tem ajudado muito a sua família e está cursando o segundo ano de Direito e sonha ser promotora de justiça, para ajudar os que mais necessitam (cf. CNBB, CF 2013).

- O que você pensa sobre a iniciativa de Maria Eduarda?
- Qual foi a preocupação de Maria Eduarda?
- Qual a importância de um projeto de vida?
- Você já tem um projeto de vida?
- O que os jovens da comunidade pensam do futuro?
- Responder as questões que seguem e em seguida fazer comentários no grande grupo.

Eu sou (nome)...
Eu fico muito feliz quando...
Uma coisa que eu gosto de fazer é...
Gosto de pessoas que...
Um dos meus pontos fortes é...
Daqui a cinco anos eu desejo...
Uma qualidade que sinto ter é...
Um limite que me incomoda...
Um sonho para o momento presente...

Canto de aclamação ao Evangelho
Ler Lc 4,14-21

Escutar – O que o texto está dizendo?
- De onde Jesus voltou e para onde foi?
- O que Jesus fez na sinagoga?
- O que estava escrito na passagem do profeta Isaías?

- O que fez Jesus após a leitura?
- Qual a atitude de quem estava presente?
- O que Jesus disse?

Meditar – O que o texto diz para mim?

- Em silêncio, vou ler novamente a passagem do profeta Isaías que Jesus leu e vou desejar que o projeto de vida de Jesus inspire e ilumine o projeto que quero construir para minha vida.

> **Perceba!**
> Em diversos momentos de nossa vida, ouvimos a leitura dos Evangelhos. Essas leituras não falam conosco; falam de nós, pois desejamos ter Jesus como nosso modelo. Recebemos a graça do Espírito Santo e a sua unção não para termos ataques de histeria ou transes místicos, mas a mesma coragem de Cristo para ser filhos do Amor de Deus.

Rezar – O que o texto me faz dizer a Deus?

- Vou louvar e agradecer a Deus porque Jesus mostrou a quem ele queria dedicar sua vida.
- Vou pedir que o Espírito Santo, que está em mim e me ungiu no sacramento da crisma, me anime e me ajude a levar a Boa Notícia de conforto, esperança e de fé. (momento de silêncio).

Oração: Senhor nosso Deus, Jesus mostrou-nos um projeto de vida que tinha como motivo principal ajudar as pessoas mais necessitadas, anunciar a Boa Notícia para os desanimados, recuperar a vista, libertar os oprimidos para que se sentissem livres, libertar os presos das amarras do mal, ajudar-nos a ser capazes de dedicar nosso tempo, qualidades e possibilidades às pessoas que mais necessitam e que são filhos amados dele. Isto vos pedimos, ó Pai, por Jesus Cristo, que nos mostrou como realizar esse projeto, na unidade do Espírito Santo. Amém!

Contemplar – Olhar a vida como Deus olha

- Vou contemplar Jesus lendo na sinagoga e em seguida dizendo: "Hoje se cumpriu esta passagem da Escritura que vocês acabam de ouvir".
- Quero deixar que essa mensagem ressoe no meu coração, para que eu tenha forças de realizar meu projeto de vida, segundo o que a Palavra me inspira.

> **O que eu penso agora?**
> Depois de todas as considerações construídas neste encontro, o que penso?
> - Qual a importância de um projeto pessoal para a minha vida?
> - A que diferentes aspectos de minha vida devo dar atenção ao elaborar meu projeto de vida?
> - Como o Espírito Santo pode guiar-me nesse processo de elaboração?
> - É importante que eu faça por escrito o meu projeto de vida, definindo o que eu desejo ser ou alcançar (minhas metas e objetivos).
>   Veja um possível roteiro para construir um projeto de vida:
>   Iniciar fazendo-se algumas perguntas e procurar suas respostas, registrando-as para tê-las bem presente:

- Que qualidades, capacidades e dons eu tenho?
- Quais os meus desejos e sonhos?
- Em que eu preciso melhorar?

A seguir, escrevo o que desejo alcançar (metas e objetivos) nas seguintes dimensões:

Dimensão profissional:
- Quais as profissões que mais admiro?
- Dentre elas, com qual eu me afino (me identifico)?

Dimensão social:
- O que de concreto posso fazer para contribuir com uma sociedade mais justa e humana? (Ex: ser coerente, responsável, verdadeiro, honesto, justo).

Dimensão afetiva:
- Que decisões (ou que atitudes) concretas vou assumir na convivência com minha família, comunidade eclesial, colegas de escola, grupo da catequese, amigos, com Deus?

Dimensão espiritual:
- Quem é Jesus Cristo para mim?
- O que vou fazer para seguir seus ensinamentos?

Dimensão cultural:
- Quais as disciplinas ou assuntos que mais me interessam e o que vou fazer para aprofundar os conhecimentos sobre esses assuntos?
- Que cursos pretendo frequentar? O que pretendo estudar com mais cuidado?

Nota: De tempos em tempos, é necessário rever e, se necessário, ir modificando o projeto conforme as novas compreensões e descobertas que faço.

Compromisso – O que a Palavra de Deus me leva a fazer?
- Vou pensar e registrar no meu caderno ao menos dois objetivos ou metas que desejo alcançar nos próximos três anos.

39º Encontro

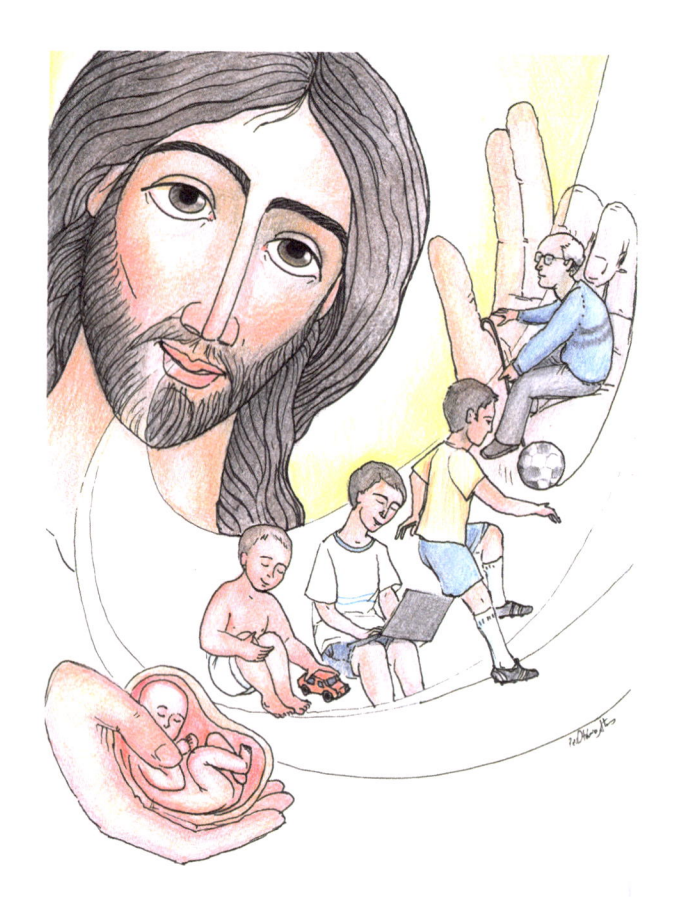

Etapas no desenvolvimento humano
A vida humana é um caminhar feito de etapas

Fique ligado! O tempo da adolescência e da juventude é uma fase bonita da vida, porque nela se constrói o fundamento para a vida adulta. Embora seja um tempo de conflitos, incertezas e insegurança, configura-se como uma etapa de muitos sonhos, descobertas e realizações; instala-se na pessoa um processo de busca do que ela é e do seu lugar na sociedade. Todos nós passamos por várias etapas na vida, tais como: fase pré-natal ou vida intrauterina; a infância, que vai mais ou menos até os 11 anos e que pode ser dividida em: 1ª infância - de 0 aos seis anos; 2ª infância - dos 7 aos 10 anos; adolescência inicial - dos 11 aos 14 anos; adolescência média e superior - dos 13 aos 18 anos; juventude - dos 18 aos 29 anos; idade adulta - a partir dos 21 anos; e velhice - segundo a Organização Mundial da Saúde, dos 75 anos em diante. Para os jovens o namoro é uma etapa de procura, de amadurecimento, de conhecimento. Não é fácil ser jovem nem namorar de um modo cristão. Mas, temos bons exemplos de namoro cristão entre os jovens. O namoro é certamente uma das mais significativas experiências da vida humana. Trata-se de amar e ser amado, acolher e ser acolhido, escolher e ser escolhido. O namoro cristão é uma preparação para o casamento; um período extremamente importante na vida de dois jovens cristãos e de muita responsabilidade. Representa um período de transição de jovens a adultos, um homem e uma mulher, crentes no Senhor Jesus

Cristo, sendo que ambos devem ter um bom nível de maturidade. É a melhor fase de "curtir a vida", dançar, ouvir música, de ser independente, de sonhar, de ser romântico e de apaixonar-se. O namoro é o início de um futuro, de um ideal, de uma missão. O namoro é um tempo chamado hoje, mas com olhar para o amanhã. O namoro é um tempo de conhecimento mútuo, conhecimento da alma, do coração. O namoro exige disciplina própria, vigilância constante. É um tempo no qual se obtém oportunidade de duas personalidades diferentes se harmonizarem, conhecerem-se mutuamente. Embora o desejo seja que ambos se tornem íntimos em seu relacionamento, isso não quer dizer liberdade no aspecto físico e muito menos liberdade sexual entre o casal de namorados. A relação sexual está destinada a ser desfrutada apenas entre pessoas devidamente casadas (Hb 13,4; Gn 2,24; Ct 4,12; 1Ts 4,3-5; Cl 3,5-6; 1Cor 6,15-20; 1Tm 5,22; 2Tm 2,22).

Recordar – O que nossa vida está dizendo?

- Ao observar as fotos e gravuras das pessoas nas diferentes fases da vida, o que elas lhe comunicam? Responder o que segue no cartão colorido:
A) O que lembro da minha infância – casa, pessoas, paisagens e brinquedos, que me trazem agradáveis lembranças?
B) Do tempo de catequese e escola, de que acontecimentos bonitos eu me recordo?
C) Que sonhos os adolescentes e os outros jovens acalentam dentro de si?
- Preencher a ficha com dados de vida como segue e em seguida partilhar essas perguntas no grande grupo.
- Tente responder ao questionamento que segue; ele pode ajudar-lhe no autoconhecimento:
- Qual seu nome, local e data de nascimento?
- Como se chamam seus pais e seus avós?
- Com quem você vivia quando era criança?
- Que idioma vocês falavam em casa?
- Como e com quem você aprendeu esse idioma?
- Que significado ele tem para você?
- Como era a casa/cidade/comunidade em que você morava?
- Quais eram as suas brincadeiras favoritas?
- Qual o nome de sua escola? Como ela era?
- Quais os fatos de sua vida que marcaram sua história? Por quê?
- Quais foram os momentos mais difíceis? Por quê?
- Quais foram as pessoas mais significativas? Por quê?
- Como imagina seu futuro?

Canto de acolhida da Palavra
Ler Ef 4,11-15

Escutar – O que o texto está dizendo?

- O que diz o texto a respeito de como Jesus se preparou para construir o Reino de Deus?
- Qual é a meta proposta?
- Em que consiste a maturidade do desenvolvimento do cristão de que o texto fala?
- Que frase do texto você destacaria?

Meditar – O que o texto diz para mim?
- Que palavra ou frase do texto tocou mais meu coração?
- O que o texto me indica para crescer em todos os aspectos rumo à maturidade?

> **Perceba!**
> Há escolhas de caminhos na vida que devemos privilegiar. Existem muitos caminhos (estradas) que podemos percorrer durante a vida; porém nem todos levam a Deus; pelo contrário, levam à morte. Há só um caminho que conduz a Deus: Jesus Cristo.
> "Disse Jesus: Eu sou o **Caminho**, a **Verdade** e a **Vida**. Ninguém vai ao Pai senão for por mim" (Jo 14,6).
> Quero escolher este caminho para chegar bem ao final da "JORNADA".

Rezar – O que o texto me faz dizer a Deus?
- Permaneça em silêncio, tomando consciência da presença de Deus.
- Depois de alguns instantes de silêncio, escreva em seu caderno sua oração. A oração que lhe brota do coração: de louvor, gratidão, ação de graças, de súplica, pedindo ajuda para o seu crescimento em todos os aspectos ; de confiança na presença amorosa de Deus e também de perdão pelas próprias limitações e as limitações dos outros.
- Procure descobrir como Deus é bom e chama você a segui-lo, e repita várias vezes: "Feliz aquele que encontra segurança no Senhor" (Sl 33,9).

- Canto suave com mensagem de vida nas mãos de Deus.

Contemplar – Olhar a vida como Deus olha
- Vou contemplar atentamente a frase: "Vivendo o amor autêntico cresceremos em todos os aspectos" (cf. Ef 4,15) e perceber o que a mensagem me leva a concluir.

Compromisso – O que a Palavra de Deus me leva a fazer?
- A Palavra de Deus me convida a assumir meu crescimento em todos os aspectos em direção a Cristo, para tornar-me Igreja viva.
- Postar no blogue do grupo aspectos de crescimento na fé, para o conhecimento de Jesus Cristo, tendo em vista os seguintes aspectos: preservar a unidade e respeitar a diversidade, discernir as falsas doutrinas, zelar pelos atos e atitudes, tornando-me Igreja viva de Cristo. No crescimento, sou desafiado a zelar pelos meus atos e atitudes. Preencher, com seus dados pessoais, a ficha recebida no início do encontro. Isso pode ajudar-lhe no conhecimento próprio.

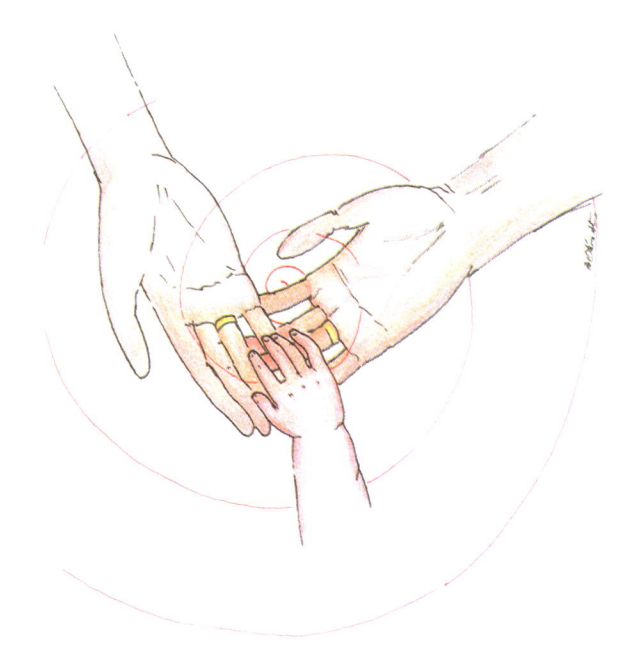

Família: fundamento da vida e vocação
A família é o espaço primordial e fundamental para a formação da personalidade da pessoa.

Fique ligado! Jesus é o grande defensor da família. Ele nasceu, cresceu, solidificou sua fé, preparou-se para a missão, numa família – a família de Nazaré. Jesus recomendou a fidelidade e a união entre marido e mulher. Quando os fariseus fizeram perguntas sobre o divórcio, Jesus lembrou o que diz a Escritura: "...Portanto, o que Deus uniu o homem não deve separar" (Mt 19,6). Jesus deseja que as famílias se assemelhem ao modelo de Deus Pai, quer que os pais se amem, gerem, criem, orientem e formem filhos felizes, cheios de ideais e sonhos. A Igreja, fiel ao ensinamento de Jesus, instituiu o sacramento do matrimônio, que concede aos esposos o dom do amor e as graças necessárias para criar e educar os filhos. Deus mesmo agraciou as pessoas com o dom do seu amor. Criou o homem e a mulher para que, pelo amor, novas vidas sejam geradas, como filhos amados de Deus. É muito importante sonhar em construir uma família como Deus deseja. Os jovens podem realizar esse sonho, levando a sério sua formação cristã. A participação num grupo de jovens cristãos católicos pode facilitar uma preparação séria e consciente para o casamento, aos namorados e noivos. Mesmo que muitos jovens não possam contar com uma família unida, seja por qual motivo for, é possível que esses mesmos jovens se preparem para construir uma família na qual irão viver o amor, a oração, a escuta da Palavra de Deus pela Leitura Orante, acolhida, fidelidade, perdão, diálogo, apoio, sinceridade, paciência, confiança, ternura, respeito e fé. Jesus viveu o amor e a obediência à sua família humana. Vivemos numa época em que a família passa por profundas mudanças na sua estrutura e organização, mas o que não muda e jamais mudará, é a sua importância para o ser humano. A família continua sendo o espaço primordial e fundamental para a formação da personalidade da pessoa. A família é um presente de Deus e o mais precioso bem. Para que a família possa ser formadora de comunidade, é preciso que o casal tenha tempo um para o outro, tempo para estar com os filhos, brincar, dialogar com eles e que os filhos possam conviver com os pais, que se privilegie tempo para rezar, passear, dialogar, chorar, fazer festa. É importante que cada membro da família se sinta amado e respeitado na sua individualidade. O amor permite o perdão e a reconciliação nos momentos de falhas e fraquezas. Para que a família esteja a serviço da vida, é necessário o cuidado e a acolhida dos filhos desde o ventre materno. Isso significa garantir amor, alimentação, saúde, educação, formação profissional, religiosa, segurança financeira e tudo o que é necessário para a vida. Para participar no desenvolvimento da sociedade, a família se integra nas várias obras sociais, para promover a justiça, a solidariedade, a honestidade e a verdade. Para participar na vida e missão da Igreja, a família, a partir de sua vivência como Igreja doméstica, vive na escuta da Palavra de Deus, na fé e na oração.

Recordar – O que nossa vida está dizendo?

- O catequista solicita a um catequizando a leitura da história que segue:

A professora de português

A professora de português terminou a aula com um sentimento de preocupação. Tinha preparado um exercício: pesquisar palavras no dicionário. Com cuidado, selecionou algumas que fossem significativas para os alunos: amigo, casa, família, livro, música...

Os alunos não tiveram problema para encontrar o significado das palavras. A confusão veio pela definição dada à palavra família. Um dos alunos não concordou com o que dizia o dicionário Aurélio: "pessoas aparentadas, que vivem, em geral, na mesma casa, particularmente o pai, a mãe e os filhos. Pessoas do mesmo sangue". A família da qual ele fazia parte não era assim.

Será que o dicionário está errado? As famílias que conhecemos hoje são todas formadas por pai, mãe e filhos, que têm o mesmo sangue? Que vivem na mesma casa?

Temos consciência de que, em nossa realidade, há famílias sem pai, ou sem mãe, e outras sem filhos. Famílias com filhos adotados. Famílias que não moram na mesma casa porque os filhos estudam na universidade em outras localidades. Há pais e mães que moram na mesma casa, mas com horários de trabalho ou estudo que não proporcionam momentos de encontro. Há pais que, para dar condições melhores de vida à família, se ausentam por longo tempo. Isso faz pensar. A realidade atual é intensamente dinâmica e as mudanças sociais rápidas.

Uma compreensão de família nos é dada pela Igreja quando afirma: A família é a célula originária da vida social. É a sociedade natural onde o homem e a mulher são chamados ao dom de si no amor e no dom da vida. É a comunidade na qual, desde a infância, se podem assimilar os valores morais, em que se pode começar a honrar a Deus e a usar corretamente a liberdade. A vida em família é a iniciação para a vida em sociedade (cf. CIC n. 2207). A família antecede qualquer reconhecimento por parte da autoridade pública (cf. CIC n. 457).

- Qual a compreensão de família hoje?
- O que leva uma família a ser feliz?
- O que provoca o sofrimento numa família?

Escutar – O que o texto está dizendo?
Canto de aclamação ao Evangelho
Ler Mt 12,46-50
- De que acontecimento o texto fala?
- O que os discípulos disseram a Jesus?
- O que Jesus respondeu?

Meditar – O que o texto diz para mim?
- A família de Jesus é caracterizada por aqueles que, como sua mãe Maria, guardavam a Palavra de Deus no coração e a praticavam em sua vida.
- Vou reler a frase proferida por Jesus e repeti-la várias vezes: "Aqui estão minha mãe e meus irmãos, pois todo aquele que faz a vontade do meu Pai que está no céu, esse é meu irmão, minha irmã e minha mãe".

Rezar – O que o texto me faz dizer a Deus?
- Em silêncio, vou deixar aflorar do meu coração a resposta que a Palavra de Deus provocou em mim, a respeito da minha família. Vou agradecer, pedir e louvar a Deus pela minha família.

Oração da Família
Senhor Jesus Cristo, vivendo em família santificaste a família humana.
Vem viver em nossas famílias e assim seremos uma comunidade de amor, de vida, de diálogo, partilha, perdão, afeto, respeito, fidelidade e santidade. Eu te louvo, Deus, pelas coisas lindas que acontecem em nossas famílias.
Senhor Jesus Cristo, afasta de nossas famílias a tentação da infidelidade, do desrespeito, do egoísmo, da indiferença, da falta de perdão e da desunião.
Ajuda, Senhor Jesus, para que os adolescentes e jovens possam contar com uma família que os oriente no teu seguimento, eduque-os na verdade e na justiça, ajude-os a encontrar o caminho que os faça felizes.
Enfim, Senhor Jesus, fica conosco em nossas famílias, para nos dar coragem nas lutas cotidianas, conforto no sofrimento, luz para os momentos de discernimento, força contra tudo o que quer nos levar para o mal.
Que Maria, tua Mãe e nossa Mãe, ampare nossas famílias com amor de Mãe! Amém.

Contemplar – Olhar a vida como Deus olha
- Vou deixar que a Palavra de Deus interrogue minha vida, dê-me luzes para minha vivência em família.
- Utilizando meus dados de vida registrados no encontro anterior, vou escrever um pequeno poema que retrate um momento importante da história de minha vida na família. Vou partilhar esse registro no próximo encontro.

Compromisso – O que a Palavra de Deus me leva a fazer?

- Se possível, elabore uma síntese sobre o encontro de hoje – "Família, fundamento da vida e vocação" – para publicá-la no blogue do grupo de catequese.
- Reze com sua família todos os dias a oração: "Permanecei em nossa família, Senhor, e abençoai nosso lar hoje e sempre. Amém!"

O que eu penso agora?

Depois de todas as considerações construídas neste encontro, o que penso?

- A valorização da vida em família leva à percepção de nós mesmos. Ela nos remete à necessidade de amar os que conosco convivem. Ela é uma necessidade do nosso momento evolutivo.

Sexualidade e responsabilidade
A sexualidade compreende o ser humano em sua totalidade

Fique ligado! Quando falamos em sexualidade, há algumas balizas, valores de vida que merecem toda a nossa atenção. O próprio corpo é um valor, uma baliza. É preciso amá-lo e cultivá-lo em nós e nos outros. Não gostar da gente é, na maioria das vezes, não gostar do nosso corpo, da nossa casa, que deve ser motivo de muita ternura, quando há verdadeira harmonia, quando as relações são de amizade, quando o outro não é objeto, mas sujeito, quando não se "tem" somente o corpo, mas quando se "é" corpo, quando a vida não é rotina, quando os valores que moram em nós têm chance de crescer em nossa vida. A sexualidade compreende o ser humano em sua totalidade. Ela é uma dimensão fundamental do ser humano. Deus criou o ser humano, homem ou mulher, "sexuado", em todo o seu ser, no cabelo, na voz, na maneira de pensar e agir etc. Cada fibra do seu ser, o seu "eu", traz o caráter masculino ou feminino. Não são os órgãos genitais que definem a sexualidade. Esta é definida, na sua parte física, por glândulas de secreção interna – a hipófise, o hipotálamo, a glândula pituitária, a tireoide, a suprarrenal etc., pelo espírito e pela personalidade.

A sexualidade, vista como um dom de Deus, é um convite para sermos, acima de tudo, "enamorados da vida". Durante a vida há escolhas que são irrevogáveis, caminhos que não permitem volta, opções que são irreversíveis. Nessas tomadas de decisões, está em jogo o futuro feliz, ou um futuro infeliz. Perder a sexualidade é perder tudo. A vida adulta de amanhã será aquela que o adolescente hoje preparou. Do uso da liberdade presente nascerá um projeto de vida que levará à felicidade ou à infelicidade. A vida humana é marcada por etapas e decisões. Nessa lógica está o namoro. As consequências de um namoro desordenado são muitas, a saber: gravidez precoce, doenças sexuais, criança abandonada, prática do aborto. Confundimos namoro com o "ficar", a prática do sexo precoce, ou como um passatempo no qual existe envolvimento íntimo, mas sem a maturidade, a preparação, o afeto do coração. Atropelamos as etapas e somos vítimas da imaturidade, das paixões, do egoísmo próprio e do dos outros.

No namoro encontram-se duas histórias, duas consciências, dois futuros, duas necessidades, duas diferenças, dois mistérios que irão se olhar, se acolher, dialogar, sorrir, desabafar, confidenciar, confiar, decidir e conviver. É muito pobre restringirmos este assunto ao estritamente "sexual" ou "genital". A genitalidade é apenas um aspecto da sexualidade da pessoa. Os órgãos genitais, portanto, são para geração de novas criaturas; não são meros instrumentos de prazer, nem seu uso é indispensável para comprovar a sexualidade da pessoa. Alguém que nunca praticou um ato genital não deixa de ser homem ou mulher, no verdadeiro sentido da palavra. Quando a pessoa acredita que sua sexualidade depende exclusivamente do uso dos genitais, ela pode, para tentar afirmar sua sexualidade perante os outros, desordenar totalmente o uso dos seus órgãos sexuais, acabando por se tornar um escravo da própria genitalidade, sem jamais conseguir preencher suas verdadeiras necessidades, que certamente são mais amplas que a mera genitalidade. Ela pode tornar-se uma pessoa doente, emocional e espiritualmente, pelo uso inadequado e fora de tempo da sua genitalidade. Isso se chama genitalismo. O exercício da genitalidade foi ordenado por Deus para acontecer dentro de um contexto de amor e responsabilidade que se realiza no matrimônio. Você já deve ter percebido que, a essa altura da vida, é necessário dispor de marcas ou balizas de orientação, que facilitam a definição dos rumos a serem tomados. A família é lugar de afetividade, cuidado, limite e confrontos. Crescemos e aprendemos. Lugar de amar, brigar, gritar, reparar, pedir desculpas, beijar, abraçar. Lugar para criar raízes e asas. Em sua vida, inclusive na vida sexual, você é responsável por uma vida feliz ou infeliz.

> Sexualidade é a dimensão totalizante e integradora que abrange todo o nosso ser. A pessoa é masculino ou feminino em todo seu ser. No modo de ser, pensar e agir. O amor, o pensamento, cada fibra de nós possui a marca da sexualidade. Portanto, toda a minha pessoa, o meu eu, é sexuada: feminino ou masculino. Sexualidade é o conjunto de sensações e sentimentos que me impulsionam na busca do outro. É minha sexualidade que me move para o amor. O meu amor a Deus passa pela estrutura da sexualidade. Eu amo como mulher, ou como homem.

Recordar – O que nossa vida está dizendo?

Roda de conversa:
- Você já percebeu a forma como alguns cantos, livros, propagandas e revistas tratam a sexualidade e o sexo?
- Num mundo desnorteado, como é vista a sexualidade?
- Como ela enriquece ou empobrece a pessoa?
- O que me ajuda a ser eu mesmo?

Escutar – O que o texto está dizendo?
Acolher a Palavra com um canto
Ler 1Cor 6,12-13
- O que o texto está dizendo?
- O que o texto sugere a respeito da liberdade?
- O que o texto fala a respeito do corpo?

Meditar – O que o texto diz para mim?
- Vou considerar: "Todas as coisas me são lícitas, mas nem todas as coisas me convêm; todas as coisas me são lícitas, mas eu não me deixarei dominar por nenhuma".

Rezar – O que o texto me faz dizer a Deus?
- Quero, na tranquilidade, fé, amor a Deus, que habita no centro do meu ser, respirar suavemente, acalmar-me na presença do Senhor, que me ama e me ampara.

Oração: Querido Deus, preciso de ti, para concretizar os planos e os projetos que trago no meu coração. Tu foste jovem como eu. Soubeste como ninguém viver os anos mais belos da tua vida. Conheces o meu coração e as minhas aspirações. Conheces também as minhas ansiedades e sabes como é difícil ser um jovem segundo os teus ensinamentos hoje. Põe no meu coração o teu amparo. Quero, com a tua ajuda, testemunhar o Evangelho, para que o mundo se torne mais belo. Amém.

Contemplar – Olhar a vida como Deus olha
- Escolha uma palavra que o auxilie na contemplação – Jesus, pai, amor, paz, fé... e como um amigo falando com seu amigo, fale com Deus com confiança e permaneça diante da sua face.

Compromisso – O que a Palavra de Deus me leva a fazer?
- Elencar valores e conceitos que me auxiliam a viver bem a sexualidade.
Se possível, postar no blogue essa produção.

O que eu penso agora?
Depois de todas as considerações construídas neste encontro, o que penso?
- A sexualidade é um dom de Deus. É uma das maiores riquezas do ser humano. Vivê-la com equilíbrio e maturidade é um grande desafio.
- A sexualidade torna-se fonte de comunhão com o próprio Deus e de realização e comunhão entre as pessoas.

42º Encontro

Ser santo
"Sede santos como vosso Pai é Santo" (cf. Mt 5,48)

Fique ligado! Quem são os santos e por que o são? São pessoas que viveram, em diferentes épocas da história, uma vida dentro da normalidade como todas as pessoas vivem; experimentaram alegrias, passaram por sofrimentos, dúvidas, conflitos, muitos até por perseguições e morte. Realizaram muitas boas ações, cultivaram virtudes e valores e também lutaram contra suas limitações, fraquezas e pecados. Não eram perfeitos, mas tentaram sempre ser bons e viver o bem, a justiça e a verdade. Nessa dinâmica da vida, tiveram um encontro tão forte com Jesus Cristo, que tomaram a decisão de segui-lo, fazendo desse o seu "projeto de vida", e por essa decisão de fé, animados pelo Espírito Santo, levaram seu projeto de vida até o fim. Ser santo é um convite de Jesus a todos: "Sede perfeitos como vosso Pai Celeste é perfeito" (Mt 5,48); "Sejam santos porque eu sou santo" (1Pd 1,16). Quem verdadeiramente ama a Deus e se propõe a seguir Jesus Cristo está no caminho da santidade. A semente da santidade está dentro de nós. Pelo batismo e pela confirmação, os dons do Espírito Santo dinamizam essa semente. A vivência dos sacramentos, a vida comunitária, a oração e a Leitura Orante da Palavra de Deus são meios que Deus nos dá para alcançarmos a santidade, que não é fruto de um mero esforço pessoal. Muitos jovens, na sinceridade e verdade, são autênticos e lutam contra o mal, com amor dedicam-se ao bem. Para ter essa força, é preciso estar ligado a Deus, pela oração, pela escuta da Palavra de Deus e o engajamento na comunidade eclesial, em grupos de jovens católicos, dispostos a seguir Jesus na sua vida e sua prática, como discípulos. Quem segue esse caminho santifica-se. Seguir por esse caminho é ser feliz.

> **Ler e considerar o que o texto traz de importante para o jovem na atualidade:**
> "Precisamos de santos sem véu ou batina.
> Precisamos de santos de calças jeans e tênis.
> Precisamos de santos que vão ao cinema, ouvem música e passeiam com os amigos.
> Precisamos de santos que coloquem Deus em primeiro lugar, mas que se "lascam" na faculdade.
> Precisamos de santos que tenham tempo todo dia para rezar e que saibam namorar na pureza e castidade, ou que consagrem sua castidade.
> Precisamos de santos modernos, santos do século XXI, com uma espiritualidade inserida em nosso tempo.
> Precisamos de santos comprometidos com os pobres e as necessárias mudanças sociais.
> Precisamos de santos que vivam no mundo, se santifiquem no mundo, que não tenham medo de viver no mundo.
> Precisamos de santos que bebam coca-cola e comam *hot dog*, que usem jeans, que sejam internautas, que escutem *discman*.
> Precisamos de santos que amem a eucaristia e que não tenham vergonha de tomar um *refri* ou comer pizza no fim de semana com os amigos.
> Precisamos de santos que gostem de cinema, de teatro, de música, de dança, de esporte.
> Precisamos de santos sociáveis, abertos, normais, amigos, alegres, companheiros.
> Precisamos de santos que estejam no mundo; e saibam saborear as coisas puras e boas do mundo, mas que não sejam mundanos".
> (Papa João Paulo II)

Recordar – O que nossa vida está dizendo?
- Você conhece a vida do(a) padroeiro(a) da sua comunidade?
- O que o (a) padroeiro(a) nos ensina sobre a santidade?
- Para você, o que significa "ser santo"?

Escutar – O que a Palavra está dizendo?
Canto para acolher a Palavra
Ler 1Pd 1,13-16
- Sugere-se que, ao final da leitura do texto, a Bíblia que se encontra aberta sobre a mesa seja beijada por todos, a começar pelo catequista. Opcionalmente pode-se fazer outro gesto, como inclinação, colocar a mão sobre o texto etc. (importante é fazer um gesto que valorize a Palavra).
- Que atitudes Pedro sugere perante a vida?

Meditar – O que o texto diz para mim?

- Vou meditar no coração: "Sede perfeitos como vosso Pai Celeste é perfeito" (Mt 5,48).

> **Perceba!**
> Ser santo é ter Deus diante dos olhos e no coração. É ser feliz por estar nas mãos amorosas do Pai. É desejar fazer o bem e viver de acordo com esse desejo. É perceber que no serviço a Deus está a chave da felicidade.
> Para ser santo, basta "servir" Jesus, escutá-lo e segui-lo sem esmorecimento perante as dificuldades.

Rezar – O que o texto me faz dizer a Deus?

- Em silêncio, vou ouvir novamente: "Sede perfeitos como vosso Pai Celeste é perfeito" (Mt 5,48) e perceber isso como um convite que Deus continua fazendo. Por isso, vou agradecer e louvar a Deus pelo convite. Vou também suplicar que o Espírito Santo fortaleça meu coração e minha decisão de seguir Jesus, no desejo constante de ser santo.

Contemplar – Olhar a vida como Deus olha

- Vou colocar-me nas mãos de Deus e considerar como responder a este convite: "Sede santos como vosso Pai é santo".
- Vou contemplar o sentido da oração: "Vós sois santo, ó Deus do universo, e tudo o que criaste proclama o vosso louvor, porque, por Jesus Cristo, vosso Filho e Senhor nosso, e pela força do Espírito Santo, dais vida e santidade a todas as coisas" (Oração Eucarística III).

Compromisso – O que a Palavra de Deus me leva a fazer?

- Durante a semana, vou pesquisar nos sites da CNBB, do Vaticano, da Igreja católica e das Dioceses a vida dos santos em filmes, clipes, música e textos.
- Você consegue relacionar o conteúdo de uma música, filme, clipe, com o que discutimos neste encontro e postar o conteúdo no blogue da turma?
- Vou registrar no meu coração e na minha mente ao menos duas virtudes que desejo alcançar nos próximos dois anos, para minha vida de santidade.

> **O que eu penso agora?**
> Depois de todas as considerações construídas neste encontro, o que penso?
> - A vida dos santos me convoca a dar passos com generosidade na vida cristã e a levar adiante, com coragem, o seguimento de Jesus Cristo.

Orações

Sinal da cruz – Pelo sinal da santa Cruz, livrai-nos, Deus Nosso Senhor, dos nossos inimigos.

Em nome do Pai e do Filho e do Espírito Santo. Amém!

Pai-nosso – Pai nosso, que estais nos céus, santificado seja o vosso nome; venha a nós o vosso reino, seja feita a vossa vontade, assim na terra como no céu. O pão nosso de cada dia nos dai hoje; perdoai-nos as nossas ofensas assim como nós perdoamos a quem nos tem ofendido; e não nos deixeis cair em tentação, mas livrai-nos do mal. Amém!

Ave-Maria – Ave, Maria, cheia de graça, o Senhor é convosco. Bendita sois Vós entre as mulheres, bendito é o fruto do vosso ventre, Jesus. Santa Maria, Mãe de Deus, rogai por nós, pecadores, agora e na hora da nossa morte. Amém!

Glória – Glória ao Pai e ao Filho e ao Espírito Santo. Como era no princípio, agora e sempre. Amém!

Santo Anjo – Santo Anjo do Senhor, meu zeloso guardador, se a ti me confiou a piedade divina, sempre me rege, guarda, governa e ilumina. Amém!

O Anjo do Senhor – O Anjo do Senhor anunciou a Maria.
E ela concebeu do Espírito Santo. Ave Maria...
Eis aqui a serva do Senhor. Faça-se em mim segundo a tua palavra. Ave Maria...
E o Verbo de Deus se fez carne. E habitou entre nós. Ave Maria...
Rogai por nós, Santa Mãe de Deus. Para que sejamos dignos das promessas de Cristo.

Oremos: Derramai, ó Deus, a vossa graça em nossos corações, para que, conhecendo, pela mensagem do Anjo, a encarnação do Cristo, vosso Filho, cheguemos, por sua paixão e cruz, à glória da ressurreição pela intercessão da Virgem Maria. Pelo mesmo Cristo, Senhor Nosso. Amém.

Creio – Creio em Deus Pai, todo-poderoso, criador do céu e da terra, e em Jesus Cristo, seu único filho, nosso Senhor, que foi concebido pelo poder do Espírito Santo, nasceu da Virgem Maria, padeceu sob Pôncio Pilatos, foi crucificado, morto e sepultado. Desceu à mansão dos mortos, ressuscitou ao terceiro dia, subiu aos céus, está sentado à direita de Deus Pai todo-poderoso, donde há de vir a julgar os vivos e os mortos, creio no Espírito Santo, na Santa Igreja Católica, na comunhão dos Santos, na remissão dos pecados, na ressurreição da carne, na vida eterna. Amém!

Espírito Santo – Vinde, Espírito Santo, enchei os corações dos vossos fiéis e acendei neles o fogo do vosso amor. Enviai, Senhor, o vosso Espírito, e tudo será criado. E renovareis a face da terra.

Oremos: Ó Deus, que iluminais os corações dos vossos fiéis com a luz do Espírito Santo, concedei-nos que no Espírito Santo saibamos o que é reto e gozemos sempre de suas divinas consolações.

Por Cristo, Nosso Senhor. Amém!

Salve-Rainha – Salve, Rainha, Mãe de Misericórdia, vida, doçura, esperança nossa, salve! A Vós bradamos, os degredados filhos de Eva. A Vós suspiramos, gemendo e chorando neste vale de lágrimas. Eia, pois, advogada nossa, esses vossos olhos misericordiosos a nós volvei, e depois desse desterro, mostrai-nos Jesus, bendito fruto do vosso ventre, ó clemente, ó piedosa, ó doce sempre Virgem Maria.
Rogai por nós, Santa Mãe de Deus!
Para que sejamos dignos das promessas de Cristo.

Ato de contrição – Obrigado, Senhor, pelo perdão que recebi. Conto com a tua graça para perseverar no bem. Amém!
Pai, pequei contra o meu irmão e ofendi a ti. Meu Jesus, misericórdia!
Senhor, hoje quero recomeçar uma vida nova, auxiliado pela tua graça. Meu Jesus, misericórdia!

Oração da manhã – Senhor, no silêncio deste dia que amanhece, venho pedir-te a paz, a sabedoria e a força. Quero olhar hoje o mundo com os olhos cheios de amor; ser paciente, compreensivo e justo, calmo e alegre; quero ver os teus filhos como tu os vês, e ver somente o bem em cada um. Cerra os meus ouvidos a toda calúnia, Senhor, reveste-me interiormente de tua beleza. E que no decorrer deste dia eu a todos revele o teu amor. Amém!

Oração de São Francisco de Assis – Senhor, fazei de mim instrumento de vossa paz. Onde houver ódio, que eu leve o amor. Onde houver ofensa, que eu leve o perdão. Onde houver discórdia, que eu leve a união. Onde houver dúvida, que eu leve a fé. Onde houver erro, que eu leve a verdade. Onde houver desespero, que eu leve a esperança. Onde houver tristeza, que eu leve a alegria. Onde houver trevas, que eu leve a luz. Ó Mestre, fazei que eu procure mais consolar que ser consolado; compreender que ser compreendido; amar que ser amado. Pois é dando que se recebe, é perdoando que se é perdoado, e é morrendo que se vive para a vida eterna. Amém.

Oração da criança – Querido Deus, gosto muito do Senhor. Gosto do papai, da mamãe, dos meus irmãos e de todos os meus amigos. Deus, obrigado pelos brinquedos, pela escola, pelas flores, pelos bichinhos e por todas as coisas bonitas que o Senhor fez. Quero que todas as crianças conheçam e gostem do Senhor. Obrigado, Deus, porque o Senhor é muito bom. Amém!

Consagração a Nossa Senhora – Ó Senhora minha, ó minha Mãe! Eu me ofereço todo a Vós, e em prova de minha devoção para convosco eu vos consagro neste dia meus olhos, meus ouvidos, minha boca, meu coração e inteiramente todo o meu ser. E como sou vosso, ó incomparável Mãe, guardai-me e defendei-me como coisa e propriedade vossa. Amém!

Oração do jovem
Senhor, eu queria, como querem todos os jovens, fazer um mundo novo;
Não um mundo onde domine o ódio, a mentira, o roubo,
mas um mundo onde reine o amor e a união,
onde se trabalhe pelo bem de todos.
Um mundo cuja lei seja o Evangelho;
Um mundo onde a pedra angular sejas tu.
Com teus sábios ensinamentos e os ditames de tua Igreja, tu estabeleceste, sólida e harmoniosa, a estrutura deste mundo.
Porém, Senhor, o que mais falta são os construtores, jovens principalmente, que se apaixonem por tua mensagem e que trabalhem, dia e noite, na construção do edifício.
Por isso, eu te suplico: faça de mim um verdadeiro cristão, um dos teus partidários mais zelosos, um desses que sempre estão na linha de frente.
Graças a ti, Senhor, eu tenho algo para dizer ao mundo: a Boa Notícia!
Nessa missão, eu me comprometo livremente, voluntariamente e com todo afinco a teu serviço.
Que tua doutrina e tua vida penetrem em todas as fibras de meu corpo, de minha alma e de minha vontade.
Quero, Senhor, ser-te fiel, zelosa e afetuosamente fiel.
Quero dizer-te sim, respondendo ao teu apelo e minha vocação de cristão.